Robert Louis Stevenson

Faszinierendes Silverado

Robert Louis Stevenson

Faszinierendes Silverado

IMPRESSIONEN
AUS DEM JAHRE 1880

VERLAG 28 EICHEN
BARNSTORF

Herausgegeben, aus dem Englischen übersetzt und
mit Anmerkungen versehen von
Olaf R. Spittel.

Lektorat: Nadine Erler und Bärbel Spittel.

Das Original erschien 1883 unter dem Titel
The Silverado Squatters,
bei Chatto and Windus, London,
und liegt hier in der deutschen Erstausgabe vor.

Die Deutsche Bibliothek verzeichnet diese Publikation
in der Deutschen Nationalbibliographie.
Detaillierte bibliographische Daten sind im Internet über
http://dnb.ddb.de abrufbar.

ISBN 978-3-96027-133-8

Cover unter Verwendung eines Gemäldes von
Girolamo P. Nerli „Robert Louis Stevenson“ (1892) [Ausschnitt],
Scottish National Gallery, Edinburgh.

Inhalt

Diese Skizzen sind
Virgil Williams
und
Dora Norton Williams
in Liebe gewidmet
von ihrem Freund,
dem Autor

... vixeruntque non nulli in agris delectati re sua familiari.
His idem propositum fuit quod regibus, ut ne qua re egerent, ne cui parerent, libertate uterentur, cuius proprium est sic vivere ut velis.

Cic.off.1,20.

Nur wenige erfreuten sich des eigenen Vermögens auf dem Lande. Sie wollten leben wie Könige: nie wieder Not leiden, niemandem gehorchen, frei sein, also nach ihrem eigenen Willen leben.

Cic.off.1,20.

Die Silverado-Siedler

Der Schauplatz dieses kleinen Buches ist ein hoher Berg. Es gibt, in der Tat, viel höhere; es gibt viele mit einem edleren Profil. Dieser Berg ist kein Wallfahrtsort für den Weltenbummler; aber für den, der dort lebt, wird der Mount Saint Helena schnell zu einem Zentrum des Interesses. Es ist der Mont Blanc eines Abschnitts des Californian Coast Range, keiner seiner nahen Nachbarn erreicht auch nur die Hälfte seiner Höhe. Er blickt auf weites, grünes, vielgestaltiges Land. Er speist im Frühling viele spritzende Bäche. Von seinem Gipfel aus hat man eine ausgezeichnete Lehrstunde in Geographie: man sieht im Süden die San Francisco Bay, mit dem Mount Tamalpais auf der einen Seite und dem Monte Diablo auf der anderen Seite; im Westen, dreißig Meilen entfernt, liegt das offene Meer; ostwärts geht der Blick über die Mais-Landschaften und tiefen Tule-Sümpfe des Sacramento Valley, dort, wo die Central Pacific Railroad beginnt, die Ausläufer der Sierras zu erklimmen; und im Norden schaut, soweit ich weiß, der weiße Kopf des Mount Shasta[1] auf Oregon. Drei Countys, Napa County, Lake County und Sonoma County, erstrecken sich über die schroffen Klippen des Mount Saint Helena. Sein nackter Gipfel erhebt sich fast viertausendfünfhundert Fuß[2] über den Meeresspiegel; seine Flanken sind waldgesäumt; und der Boden leuchtet, wo er kahl daliegt, warm von Zinnober.

---

1 Der Mount Shasta ist mit einer Höhe von 4.300 Metern über dem Meeresspiegel gut 14.000 Fuß hoch.

2 1.300 Meter.

Das Leben in seinem Schatten geht recht rustikal seinen Gang. Die Gespräche der Männer drehen sich hauptsächlich um Rehe, Bären, Klapperschlangen und den ehemaligen Bergbau. Die Landwirtschaft hat erst begonnen, sich über das Tal auszubreiten. Und obwohl in ein paar Jahren der ganze Bezirk sich an seinen Farmen erfreuen mag und vorbeifahrende Züge einen angenehmen Blick auf den Berg gestatten werden, Hotels mit vielen Fenstern die Nacht erhellen, und eine wohlhabende Stadt den Platz des verschlafenen Calistoga einnehmen dürfte; herrscht in der Zwischenzeit am Fuß dieses Berges doch die Stille der Natur, und die Menschen, die am Berg und im Tal leben, gehen gemächlich ihren Geschäften nach, wie zu vorsintflutlichen Zeiten.

Um den Mount Saint Helena von San Francisco aus zu erreichen, muß der Reisende zweimal die Bucht überqueren: einmal mit der vielbefahrenen Oakland Ferry und etwa eine Stunde darauf mit der Eisenbahn erneut von Vallejo Junction nach Vallejo. Danach benutzt er wieder den Schienenweg, um die lange grüne Straße des Napa Valley zu erklimmen.

In all den Einschnürungen und Ausweitungen dieses Binnenmeeres, der Bucht von San Francisco, kann es nur wenige noch düsterere Szenerien geben als die der Vallejo Ferry. Kahle Ufer und eine niedrige, kahle Insel in der Nähe des Meeres; durch die Meerenge sprudelten die Gezeiten, schlammig wie ein Fluß. Als wir die Passage machten (auf dem Weg nach Silverado, obwohl wir dies damals noch nicht wußten), stampfte der Dampfer, und die schwarzen Bojen tanzten im Spritzwasser; die Meeresbrise war tödlich kalt; und obwohl der Himmel in der Höhe noch wolkenlos klar war, strömten die Meeresnebel von der See her und über die Hügel von Marin County als eine große, formlose, silberne Wolke herein.

South Vallejo ist typisch für viele kalifornische Städte. Es war ein Mißgriff; der Standort hat sich als unhaltbar erwiesen; und obwohl er nach europäischen Maßstäben immer noch ein so junger Ort ist, wird er bereits zunehmend zugunsten seines Nachbarn und Namensvetters, North Vallejo, verlassen. Eine lange Pier, eine Reihe von Saloons, ein großes Hotel, sumpfige Pfuhle, in denen die Frösche ohne Unterlaß quaken, und selbst am Mittag die völlige Abwesenheit eines menschlichen Gesichts oder einer Stimme – das sind die Kennzeichen von South Vallejo. Dennoch gab es ein hohes Gebäude neben der Pier, die Star Flour Mills; und seefahrende, voll getakelte Schiffe lagen dicht vor der Küste und warteten auf ihre Ladung. Bald würden sie um das Kap Hoorn herumsegeln, und bald darauf würde das Mehl von den Star Flour Mills auf den Kais von Liverpool landen. Denn auch das hier ist einer der Außenposten Englands; Dorthin, zu dieser öden Mühle, über die Atlantik- und Pazifiktiefen und um das eisige Kap Hoorn herum, kommt diese Schar großer, dreimastiger Hochseeschiffe, bringt nichts und kehrt mit Brot zurück.

Das Frisby House, so lautete der Name des Hotels, war ein Ort des zerfallenen Glücks, wie die ganze Stadt. Sie war nun den Arbeitern überlassen und ist teilweise baufällig. Beim Abendessen gab es den üblichen Anblick dessen, was im Westen ein heruntergekommenes Haus genannt wird: die Tischdecke rot und weiß kariert, die Plage der Fliegen, die Drahtkäfige über den Gerichten, die große Auswahl und unveränderliche Abscheulichkeit des Essens, und die rauen Männer in Hemdsärmeln widmen sich ihm schweigend. In unserem Schlafzimmer brannte der Ofen nicht, obwohl er qualmte; und während ein Fenster nicht zu öffnen war, konnte das andere nicht geschlossen werden. Es gab eine Ansicht auf ein Stück leere Straße, ein paar dunkle Häuser, einen Esel, der mit seinem Schatten auf einer Böschung entlangwanderte, und ein flüchtiger Blick auf das Meer, mit einem großen Schiff darauf, das im Mondlicht vor Anker lag. Und über all dem ließen die tristen Gasthausfrösche ihren endlosen Chor erklingen.

Früh am nächsten Morgen stiegen wir auf einem von Bäumen gesäumten Pfad den Hügel hinauf und überbrückten einen sumpfigen Fleck nach dem anderen. Hier und da passierten wir beim Emporsteigen ein Haus, das in weiße Rosen eingehüllt war. Mehr von der Bucht wurde sichtbar, und der blaue Gipfel des Mount Tamalpais erhob sich hinter der grünen Anhöhe der gegenüberliegenden Insel. Das verriet uns, daß wir uns immer noch in einiger Entfernung von der Stadt des Golden Gate befanden, die bereits jetzt zu dieser Stunde zwischen den Sandhügeln zu erwachen begann. Der Mount Tamalpais rief uns über das Wasser wie mit der Stimme eines Vogels. Sein stattliches Haupt, blau wie ein Saphir vor dem blasseren Azur des Himmels, sprach zu uns von weiten Aussichten und dem hellen Pazifik. Denn der Mount Tamalpais steht wie ein Leuchtturm über dem Golden Gate, zwischen der Bucht und dem offenen Ozean, und schaut gleichgültig auf beide. Ebenso wie wir ihn von Vallejo aus sahen und begrüßten, erkannten ihn die Seeleute, weit draußen auf dem Meer, mit beschattetem Auge; und als würde es auf diesen Gedanken antworten, begann eines der großen Schiffe unten, sich still in weiße Segel zu kleiden, um sich auf seine Reise heimwärts nach England zu begeben.

Über magere grüne Wiesen brachte uns die Bahn über Vallejo hinaus. Im Westen versperrte das rauhe Hochland von Marin den Ozean; mittendrin, in langen, ausufernden, glänzenden Armen, lagen zwischen dem Gras die Ausläufer der Bucht; es gab nur sehr wenige Bäume und wenige Umzäunungen; die Sonne schien weit über offenes Hochland, die kahlgerupften Hügel standen klar gegen den Himmel. Diese Hügel näherten sich allmählich von beiden Seiten einander an, und zunächst begann Gestrüpp ihre Seiten zu bekleiden und dann waren es Bäume; und bald hatten wir alle Anzeichen der Nachbarschaft der See hinter uns gelassen und kletterten landeinwärts ein bewässertes Tal hinauf. Eine große Vielfalt von Eichen erschien. Waren es zunächst nur einige wenige, so wurden sie jetzt zu einem Hain zwischen Feldern und Weinbergen. Die Städte drängten sich zusammen, waren in etwa gleich groß und bestanden aus hellen, neuen Holzhäusern und großen, angepflanzten Waldbäumen; und die Glocke auf der Lokomotive erklang sehr festlich an diesem sonnigen Sonntag, als wir durch eine grüne Stadt nach der anderen zogen, deren Bewohner sich in ihrem besten Sonntagsstaat präsentierten, um die Fremden zu sehen. Die Sonne funkelte auf den sauberen Häusern, und große Laubkuppeln rauschten über unseren Köpfen in der Brise.

Dieses angenehme Napa-Tal wird an seinem nördlichen Ende von unserem Berg blockiert. Dort, bei Calistoga, endet die Eisenbahn, und der Reisende, der zu den Geysiren oder zu den Quellen im Lake County weiterfahren will, muß die Ausläufer des Berges mit der Postkutsche überqueren. So ist der Mount St. Helena nicht nur ein Gipfel, sondern eine Grenze; und bis jetzt, wo ich dies niederschreibe, hat er den Fortschritt des eisernen Pferdes gestoppt.

Teil I: Im Tal

Kapitel I: Calistoga

Es ist für einen Europäer schwer, sich Calistoga vorzustellen. Der ganze Ort ist so neu und völlig ungeplant gestaltet; der Name wurde, wie ich höre, bei einem Abendessen von dem Mann erfunden, der die Quellen entdeckte[3].

Die Eisenbahn und die Landstraße laufen in dem Tal ungefähr parallel zueinander. Die Straße von Calistoga verläuft senkrecht zu beiden – eine breite Straße, mit hellen, sauberen, niedrigen Häusern, hier und da eine Veranda über dem Bürgersteig, hier und da ein Pferdepfosten, hier und da städtische Müßiggänger. Andere Straßen sind gekennzeichnet und meist auch benannt; diese Städte in der Neuen Welt starten jedoch in der festen Entschlossenheit, größer zu werden, *Washington* und *Broadway*, und dann *First* und *Second*, und so weiter, kühn markiert, sobald die Gemeinschaft sich einen Stadtplan gönnt. Aber in der Zwischenzeit konzentrieren sich das ganze Leben und die meisten Häuser von Calistoga auf diese Straße zwischen dem Bahnhof und der Landstraße. Ich habe nie irgendeinen Namen dafür gehört, aber ich werde die Vermutung riskieren, daß er entweder *Washington* oder *Broadway* lautet. Hier sind die Schmiede, die Apotheke, die Kaufläden und Kong Sam Kee, die chinesische Wäscherei; hier ist wahrscheinlich auch das Büro der lokalen Zeitung (denn der Ort hat eine Zeitung – sie alle haben hier Zei-

3 Samuel Brannan (1819–1889), ein etwas zwielichtiger Geschäftsmann, der es folgerichtig zum Millionär brachte. Er gilt als Gründer von Calistoga.

tungen); und hier ist sicherlich eines der Hotels, Cheeseborough's, wo der kühne Foss[4] ein Mann, der bereits eine Legende ist, seine Pferde anschirrte, um zu den Geysiren zu gelangen.

Es muß daran erinnert werden, daß wir uns hier in einem Land der Postkutschen und Straßenräuber befinden: ein Land, in dem Sinne, wie England vor hundert Jahren. Der Straßenräuber – „road agent" wird er seltsamerweise genannt – ist in diesen Landesteilen immer noch an der Arbeit. Der Ruhm von Vasquez ist noch jung. Nur ein paar Jahre zuvor wurde die Lakeport-Kutsche ein oder zwei Meilen vor Calistoga ausgeraubt. 1879 legte der Zahnarzt von Mendocino City, fünfzig Meilen entfernt an der Küste, plötzlich die Gewänder seines Handwerks ab, wie Grindoff in „The Miller and his Men"[5], und verwandelte sich in einen Räuberhauptmann. Auf einen großen Raubüberfall folgte eine lange Verfolgungsjagd, eine Verfolgungsjagd von Tagen, wenn nicht Wochen, durch das unübersichtliche Hügelland; und der Verfolgungsjagd folgten viele vereinzelte Kämpfe, in denen mehrere – und der Zahnarzt war, glaube ich, unter ihnen – ins Gras bissen. Das Gras, genährt von ihrem Blut, sproß zum ersten Mal, als ich in Calistoga ankam. Ich erinnere mich an einen anderen Straßenräuber aus demselben Jahr. „Es ging mir nicht gut", so seine humorvolle Verteidigung, „und der Arzt hatte mir geraten, ich solle etwas nehmen, also nahm ich die Post-Kasse."

Der Kult des Postkutschenräubers blüht am höchsten immer dort, wo sich Diebe auf der Straße umhertreiben und wo die Wache bewaffnet unterwegs ist, und die Kutsche ist nicht nur eine Verbindung zwischen Land und Stadt und befördert Nach-

4 Clark Foss (1825–1885), auch „Old Chieftain" oder „Old Foss" genannt, der als Postkutschenfahrer durch das Napa Valley fuhr, viele Touristen zu den Geysiren brachte und ein Hotel errichtete, in dem Ulysses S. Grant and William Randolph Hearst übernachteten. Er war als halsbrecherischer Fahrer bekannt und ist auf dem Friedhof von St. Helena bestattet.

5 Romantisches Melodram von Isaac Pocock (1762–1835), uraufgeführt 1813 im Covent Garden.

richten, sondern hat einen vagen kriegerischen Beigeschmack, wie ein Mann, der mit einem Soldaten verwandt ist. Kalifornien prahlt mit seinen berühmten Kutschenlenkern, und unter den berühmten ist Foss unvergessen. Entlang den uneingezäunten, miserablen Bergstraßen trieb er seine Leute mit wenig Rücksicht auf das menschliche Leben oder mögliche Unfälle voran. Ängstliche Reisende, die an jeder Biegung glauben, in die Ewigkeit eingehen zu müssen, blicken mit natürlicher Bewunderung auf das riesige, leidenschaftliche fleischige Antlitz ihres Kutschers. Er hat genau das Gesicht wie der Kutscher in Sam Wellers Anekdote, der die erlesene Gesellschaft an der vereinbarten Stelle umgekippt hat. Wunderbare Geschichten werden von seiner Gewandtheit und seinem Können erzählt. Eine berichtet, wie eines seiner Pferde an einer kitzligen Passage der Strecke stürzte und wie Foss die Zügel fahren ließ und die Kutsche über das gestürzte Tier hinwegtrieb und mit nur dreien die nächste Station erreichte. Ich berichte es so, wie ich es gehört habe, ohne Gewähr.

Ich habe Foss nur einmal gesehen, aber so seltsam, wie es klingen mag, ich habe zwei Mal mit ihm gesprochen. Er lebt außerhalb von Calistoga auf einer Ranch namens Fossville. Eines Abends, nachdem er bereits nach Hause gegangen war, kam ich am *Cheeseborough* an und wurde gefragt, ob ich mit Mr. Foss sprechen möchte. Ich nahm an, das Gespräch sei ohnehin unmöglich und ich wäre lediglich aufgefordert worden, ganz allgemein zuzustimmen. Mithin antwortete ich kühn mit „Ja“. Im nächsten Moment hatte ich ein Instrument am Ohr, ein anderes am Mund und ich unterhielt mich, ohne auch nur irgend etwas zu sagen zu haben, mit einem Mann, der mehrere Meilen entfernt zwischen trostlosen Hügeln lebte. Foss beendete das Gespräch schnell und etwas beleidigt; und er kehrte zu seinem nächtlichen Umtrunk in Fossville zurück, während ich wieder auf der Calistoga High Street spazierenging. Aber es war eine seltsame Sache, daß ich hier, was wir gewöhnlich als den letzten Zipfel der Zivilisation ansehen, zum ersten Mal in meinem gebildeten Leben ein Telefon benutzt haben sollte. So geht es in diesen jungen Ländern; Telefone und Telegrafen, Zeitungen und Anzeigen gibt es bei den Indianern und den Grizzlybären zu allererst.

Einsam, auf der anderen Seite der Eisenbahn, steht das *Springs Hotel* mit seinen dazugehörigen Hütten. Der Boden des Tales ist bis heran an die Ausläufer der Berge völlig eben; nur hier und da erhebt sich ein Hügel, gekrönt von Kiefern, wie der Grabhügel eines Häuptlings, der durch seine Kriegszüge berühmt ist; und direkt neben einem dieser Hügel steht das *Springs Hotel* – steht oder stand; denn seit ich dort war, ist der Ort durch ein Feuer zerstört worden und wieder aus seiner Asche auferstanden. Eine Wiese breitet sich rings um das Haus aus, und der Rasen seinerseits wird von einem System von kleinen Fünf-Zimmer-Landhäusern umstanden, jedes mit einer Veranda und einer schmächtigen Palme vor der Tür. Einige der Landhäuser sind an Ortsansässige vermietet, und diese werden von Blumen umkränzt. Der Rest wird von gewöhnlichen Besuchern des Hotels bewohnt; und das ist eine sehr angenehme Art und Weise, ein kleines Landhaus zu besitzen, ohne häusliche Pflichten, und das für einen Tag oder eine Woche.

Die ganze Nachbarschaft des Mount Saint Helena[6] ist voll Schwefel und kochenden Quellen. Die Geysire sind berühmt; sie waren der große Kurort der Indianer vor der Ankunft der Weißen. Der Lake County ist mit Spas übersät; die beiden Bahnhöfe der Napa Valley Eisenbahn *Hot Springs* und *White Sulphur sind*

6 Mount Saint Helena: ein 1.319 m hoher Berg, der nicht mit dem Mount St. Helens, über 1.000 km weiter nördlich, verwechselt werden sollte, der ein riesiger und aktiver Vulkan von knapp doppelter Höhe ist.

nach Springs benannt; und Calistoga selbst scheint auf einem bloßen Film über einem kochenden unterirdischen See zu liegen. An einem Ende der Hotelanlage befinden sich die Quellen, von denen es seinen Namen herleitet, heiß genug, um ein Kind ernsthaft zu verbrühen, während ich da war. Am anderen Ende bohrte der Pächter eines Häuschens einen Brunnen, und auch dort kam das Wasser kochend heiß heraus. Es hält dieses Ende des Tales so warm wie einen Toast. Ich bin kurz nach fünf Uhr morgens zum Hotel gegangen, als ein See-Nebel vom Pazifik her dick und grau und dunkel und schmutzig über mir hing, und sah, daß das Thermometer bereits gestiegen war und so etwa auf die neunzig[7] geklettert war; und im Verlaufe des Tages war es manchmal zu heiß, um sich überhaupt zu rühren.

Aber trotz dieser Hitze, die gleichzeitig von oben und unten kam, war Calistoga ein angenehmer Ort, um dort zu verweilen; schön grün, denn es war damals der begünstigte Moment im kalifornischen Jahr, an dem die Regenfälle vorbei sind und der staubige Sommer noch nicht eingetreten ist; oft mit frischer Luft, die entweder vom Berg oder über Sonoma vom Meer her heranströmte; sehr ruhig, sehr müßig, sehr leise, abgesehen von den Meeresbrisen und den Rinderglocken auf dem Feld. Und es lag etwas Befriedigendes in der Ansicht dieses großen Berges, der uns im Norden umschloß: ob er nun einfach nur dastand, in Sonnenschein gekleidet, in der Hitze und Helligkeit des Tages bis zu seinem Gipfel zitternd; oder ob er sich selbst in Dämpfe hüllte, die Hauch um Hauch emporwuchsen, zitternd, flüchtig und im Blau verblassend.

Die zerklüfteten, bewaldeten und fast unbegehbaren Bergausläufer, die das Tal umschließen und es von Sonoma im Westen abschotten und von Yolo[8] im Osten – grob umrissen, ausgespült von Winterbächen, gekrönt von felsigen Klippen und schläfrigen

7 90 Grad Fahrenheit, was etwa 32 Grad Celsius entspricht.

Kiefern – erschienen zwergenhaft angesichts der Masse und der Erscheinung des Mount Saint Helena, der sie in den Schatten stellte. Er überragte sie um zwei Drittel ihrer eigenen Größe. Er zeichnete sich durch die Kühnheit seines Profils aus. Sein großer, kahler Gipfel, frei von Bäumen und Wiesen, eine Erhebung aus Quarz und Zinnober, wies eine Verwandtschaft mit der dunklen und zotteligen Wildnis kleinerer Hügelspitzen zurück.

8 Yolo County, ursprünglich Yola County, nördlich von Sacramento, mit dem Verwaltungssitz Woodland.

Kapitel II: Der versteinerte Wald

Wir fuhren gegen drei Uhr nachmittags vom *Springs Hotel* ab. Die Sonne wärmte mich bis ins Herz. Ein deutlich wahrnehmbarer, kühler Wind strömte pausenlos durch das Tal, beladen mit Düften. Ganz oben erhob sich der Mount Saint Helena, eine Masse an Berg, kahl oben, mit baumgesäumten Ausläufern und strahlender Wärme. Einmal sahen wir ihn eingerahmt von einem Hain aus hohen und auserlesen anmutigen Weiß-Eichen[9], in Linie und Farbe eine perfekte Komposition. Wir kamen an einer Kuh vorbei, die sich am Straßenrand hingestreckt hatte, ihre Glocke schlug langsam die Zeit zur Bewegung ihrer wiederkäuenden Kiefer, ein halbes Dutzend Fliegen krabbelten über ihr großes rotes Gesicht, ein Denkmal der Zufriedenheit.

Kurz darauf hielten wir uns links, es ging eine Bergstraße hinauf, und zwei Stunden lang schlängelten wir uns durch ein Tal nach dem anderen, grün, zerklüftet, voller edlem Holz. Hin und wieder bot sich uns ein Blick auf den Mount Saint Helena und die entfernten blauen Hügel. Wir durchquerten viele Bäche, deren Wasser bis zum Trittbrett der Kutsche emporspritzte. Rechts oder links gab es kaum eine Spur von Menschen, abgesehen von dem Weg, dem wir folgten. Ich meine, wir passierten in der ganzen Zeit nur ein Haus eines Rancheros, und das war verschlossen, und aus dem Schornstein kam kein Rauch. Aber wir hatten die Gesellschaft dieser hellen Bäche – wie gewöhnlich blendend klar, und ihr Wasser spritzte von den Rädern wie Diamanten. Sie verbreiten eine belebende Kühle in dem Sonnenschein. Die unüberschaubare Vielfalt an Grün, die Laubmassen, die sich in der Brise wiegen, den Ausblick in die Ferne, das Ein-

9 Quercus alba.

tauchen in scheinbar undurchdringliches Unterholz, das ständige Abschweifen der Straße, die sich beeilte, sich erneut ins Dickicht zu stürzen, ließ uns sehr schön Wald, Frühling und freie Luft empfinden.

Unser Kutscher hielt mir unterwegs einen Vortrag über kalifornische Bäume – eine Sache, die ich dringend brauchte, nachdem ich unter Maler gefallen war, die den Namen von nichts kennen, und Mexikaner, die den Namen von nichts auf Englisch kennen. Er lehrte mich, wie die Madrona[10], die Manzanita[11], das Buck-Eye[12] und der Ahorn aussehen; er zeigte mir die Haubenbergwachtel; er zeigte mir, wo einige junge Mammutbäume schon auf den Ruinen der Alten himmelwärts strebten; denn in dieser Gegend waren bereits alle gefällt worden: Mammutbäume und Rothäute, die beiden edelsten indigenen Lebewesen, sind gleichermaßen verdammt.

Endlich, in einem einsamen Tal, kamen wir an ein riesiges Holztor mit einem Schild darauf wie an einem Gasthaus. „Der versteinerte Wald. Besitzer: C. Evans“, lautete die Aufschrift. Im Inneren, auf einer grasbewachsenen Anhöhe, stand das Haus des Besitzers, sowie dicht dabei ein weiteres kleineres Haus, das als Museum diente, wo Fotografien und Versteinerungen verkauft wurden. Es war wahrhaftig eine kleine Insel des Tourismus inmitten dieser einsamen Hügel.

Der Eigentümer war ein stattlicher, alter kreidebleicher Schwede. Der Himmel weiß, wie er an diesen Grundbesitz gekommen ist – ich habe vergessen, vor wie vielen Jahren – ganz allein, krumm vor Ischias, mit sechs Münzen in der Tasche und einer Axt auf seiner Schulter. Lange, nutzlose Jahre der Seefahrt hatten ihn am Ende mittellos und krank zurückgelassen.

---

10 Pacific Madrone, Arbutus menziesii, Amerikanischer Erdbeerbaum.

11 Arctostaphylos manzanita, Bärentraube.

12 Roßkastanie.

Ohne Frage hatte er sein Glück als Goldgräber versucht und es zu nichts gebracht. Ohne Zweifel hatte er die Flasche geliebt und das Leben einer Teerjacke an Land gelebt. Aber am Ende dieser Abenteuer war er hierhergekommen; und der Ort regte seine Phantasie an. Er ließ sich nieder, um ein neues Leben anzufangen, weit weg vom Ruf des salzigen Meeres. Und der Anblick seiner Ranch hatte ihm gutgetan. Es war „der hübscheste Ort in den Californischen Bergen“. „Ist es nicht schön hier?“, fragte er. Jeden Cent, den er machte, steckte er in diese Ranch, um sie noch hübscher zu machen. Dann hatten das Klima und die Meeresbrise jeden Nachmittag bei dem heißesten Sommerwetter allmählich das Ischias geheilt; und seine Schwester und Nichte leisteten ihm Gesellschaft – oder vielmehr: die Nichte kam nur einmal alle zwei Tage; in der Zwischenzeit unterrichtete sie Musik im Tal. Und schließlich, als ein letztes Stück Glück, hatte „der schönste Fleck in den Californischen Bergen“ einen versteinerten Wald vorzuweisen, den Mr. Evans nun vorführte – für die bescheidene Summe von einem halben Dollar pro Kopf oder zwei Dritteln des Kapitals, das er besaß, als er zum ersten Mal hier eintraf, mit einer Axt und seinem Ischias.

Dieser verspätete Favorit des Schicksals humpelte ein wenig, ich glaube, in Erinnerung an das Ischias, wies aber kein Anzeichen seiner seefahrenden Vergangenheit auf, an das ich mich erinnern kann. Er war durch und durch ländlich von Kopf bis Fuß, und er eskortierte uns den Hügel hinter seinem Haus hinauf.

„Wer hat den Wald als erster gefunden?“ fragte meine Frau.

„Der erste? Dieser Mann war ich“, sagte er. „Ich räumte die Weide für meine Tiere auf, als ich *dies* fand“ – und trat gegen einen großen Redwood von sieben Fuß Durchmesser, der dort an der Seite lag, ein hohler Kern, drumherum Rindenstücke, alles verwandelt in grauen Stein mit Adern aus Quarz zwischen dem, was einstmals Holzschichten gewesen waren.

„Waren Sie überrascht?“

„Überrascht? Nein! Worüber sollte ich überrascht sein? Was wußte ich über Versteinerungen – der ich von der See kam? Versteinerung! Es gab kein solches Wort in meiner Sprache! Ich kannte nur Verwesung! Ich dachte, es wäre ein Stein; würden Sie auch, wenn Sie die Weide aufgeräumt hätten.“

Und nun hatte er eine eigene Theorie, die ich nicht ganz verstanden habe, außer daß die Bäume dort nicht „gewachsen“ wären. Aber er erwähnte mit sichtlichem Stolz, daß er sich von allen wissenschaftlichen Menschen, die den Ort besucht hatten, unterscheide; und er warf mit Wörtern wie „Tufa“ und „Scilica“[13] mit sorgloser Ungezwungenheit um sich.

Als ich erwähnte, daß ich aus Schottland komme, sagte er „mein altes Land“ – mit einem lächelnden Blick und einem Ton tiefer Zuneigung in seiner Stimme. Ich war überaus überrascht, denn er war offensichtlich Skandinavier, und ich bat ihn, es zu erklären. Es schien, als wäre er beinahe sein ganzes Leben lang auf schottischen Schiffen gesegelt und hätte dort sein Englisch gelernt. „Aus Glasgow“, sagte er, „oder Greenock; aber das ist alles gleich – sie alle kommen aus Glasgow.“ Und er war so erfreut darüber, in mir einen Schotten und adoptierten Landsmann zu finden, daß er mir eine sehr schöne Versteinerung zum Geschenk machte – ich glaube, die schönste und überhaupt transportable, die er hatte.

Hier war auf jeden Fall ein Mann, der ein Schwede, ein Schotte und ein Amerikaner war und eine Art von Loyalität zu diesen drei Ländern besaß. Von Mr. Wallace als Schottisch-Tscherkessen wird der Leser noch erfahren. Ich selbst habe einen Deutschen aus Fifeshire getroffen und mit ihm gespro-

13 Kalktuff und Kieselsäure, leicht verballhornt.

chen; seine Kombination aus fürchterlichen Akzenten machte mich sprachlos. Aber in der Tat, ich denke, wir alle gehören vielen Ländern an. Und vielleicht kann diese Gewohnheit, viele Reisen zu machen, und die daraus entstehenden einzelnen Freundschaften, das Absterben der alten Nationen vorbereiten.

Und der Wald selbst? Nun, auf einem wüsten, dornigen Hang – denn in meinen Augen könnte die Weide es vertragen, noch ein wenig besser aufgeräumt zu werden, liegen dort dicht unterschiedlich lange versteinerte Stämme verstreut, wie der, den ich bereits erwähnte. Sie sind natürlich sehr merkwürdig und auch alt genug, wenn das schon alles wäre. Zweifellos schlägt das Herz des Geologen schneller bei diesem Anblick; aber ich für meinen Teil war ziemlich unbewegt. Sightseeing ist die Kunst der Enttäuschung.

> There's nothing under heaven so blue,
> That's fairly worth the travelling to.[14]

Aber zum Glück belohnt uns der Himmel nebenbei mit vielen angenehmen Ausblicken und Abenteuern; und manchmal, wenn wir losziehen, um einen versteinerten Wald zu sehen, bietet sich eine viel reizvollere Sehenswürdigkeit in Form von Mr. Evans, den alles Wohlergehen während eines langen und blühenden Greisenalters begleiten soll.

---

14 Im Original: „There's nothing under Heav'n so blue / That's fairly worth the travelling to.“ Zwei Gedichtzeilen aus “The Song of the Road” von R. L. Stevenson. „Es gibt nichts unter dem Himmel so blau, / das auch nur halbwegs die Reise dorthin wert ist.“

Kapitel III: Napa-Wein

Ich interessierte mich für kalifornischen Wein. Zugegeben, ich interessiere mich für alle Weine und das bereits mein ganzes Leben lang, vom Rosinenwein, den ein Schulkamerad in seiner Spielkiste verborgen hatte, bis zu meiner letzten Entdeckung, jenen bemerkenswerten Veltlinern, die einst auf der Tafel des Kaisers funkelten.

Einige von uns, gütige alte Heiden, beobachten mit Schrecken die Schatten, die auf die Epoche fallen: wie die unbesiegbare Reblaus in die sonnigen Terrassen Frankreichs eindringt, und Bordeaux ist nicht mehr, und die Rhone eine bloße Provinz des Römischen Reiches. Chateau Neuf ist tot, und ich habe ihn noch nie gekostet; Hermitage – eine Hermitage in der Tat aus allen Sorgen des Lebens – liegt verfallen am Fluß. Und an der Stelle dieser herrlichen Elixiere, schön für jeden Sinn, edelsteinfarben, blumenduftend, traumhaft: Blick auf den Kais bei Cette[15] die aufgestapelten Chemikalien; schau dir die Börsenfachleute in Marseille an, die flehentlich die Hände heben und Gott Lyoeus[16] zum Zeugen anrufen, und die eingeschlagenen Fässer, aus denen die unsauberen Weine ins Meer hinausströmen. Nicht allein Pan, auch Bacchus ist tot.

Wenn der Wein sein hohes poetisches Antlitz verlieren soll, diese Sonne des weißen Tafeltuchs, eine Gottheit, die von zweien oder dreien angebetet wird, voller Inbrunst, in gedämpftem Gespräch, zärtlich degustierend und Erinnerungen bewahrend – denn eine Flasche guten Weins erstrahlt, wie eine gute Tat, immer im Rückblick –, wenn der Wein uns also verlassen

15 Sète; französische Hafenstadt.
16 Lyoeus: anderer Name für Bacchus.

soll, dann geh deiner Wege[17], alte Teerjacke! Jetzt fangen wir an, zu bedauern und schauen zurück auf die wunderbaren Flaschen, die auf Dinner-Partys verschwendet wurden, wo die Gäste derb tranken, über Politik diskutierten und sogar der Schuljunge „seinen Anteil bekam", als wär's Lakritzwasser. Und gleichzeitig blicken wir zaghaft nach vorn, mit einem Funken Hoffnung, wo die neuen Länder, die bereits müde sind, Gold zu produzieren, mit Weinbergen zu grünen beginnen. Ein nettes Problem in der Menschheitsgeschichte wird von kalifornischen und australischen Weinen entschieden werden.

Wein steckt in Kalifornien noch in der experimentellen Phase; und wenn Sie einen Jahrgang verkosten, sind ernste wirtschaftliche Fragen damit verbunden. Der Beginn der Rebenanpflanzung ist wie der Beginn des Abbaus der Edelmetalle: der Winzer „prospektiert" ebenso. Eine Ecke Land nach der anderen wird mit einer Rebensorte nach der anderen ausprobiert. Hier gibt es einen Mißerfolg; dort ist es besser; hier wieder am drittbesten. Also, Stück für Stück, tasten sie sich an ihren Clos Vougeot und Lafite heran. Jene Streifen und Erdflecken, die unnachahmlichen Duft und weiches Feuer hervorbringen, sind kostbarer als die kostbarsten Erze, die vortrefflichen Bonanzas, wo der Boden unter Sonne und Sternen zu etwas Feinerem veredelt wurde, und der Wein auf Flaschen gefüllte Poesie ist: sie sind noch unentdeckt; das Dickicht verbirgt sie; der Bergmann zersplittert den Felsen und wandert weiter, und der Grizzly bleibt ungestört. Aber die Flächen harren ihrer Stunde und erwarten ihren Kolumbus; und die Natur nährt und bereitet sie vor. Der Geschmack der kalifornischen Erde wird am Gaumen deines Enkels nachklingen.

Inzwischen ist der Wein nur ein guter Wein; der beste, den ich verkostet habe, war besser als ein Beaujolais und ihm nicht

17 Im Original: „go thy ways": Mat. 5:24.

unähnlich. Aber der Handel läuft schlecht; der Winzer lebt von der Hand in den Mund, setzt alles auf Experimente und ist gezwungen, seine Jahrgänge zu verkaufen. Einen richtig gereiften zu finden, der seinen eigenen Namen trägt, ist ein Glücksfall.

Ich sage, der seinen eigenen Namen trägt, und bleibe bei der Andeutung.

„Sie wollen wissen, warum kalifornischer Wein in den Staaten nicht getrunken wird?“ fragte mich ein Weinhändler aus San Francisco, nachdem er mir seine Geschäftsräume gezeigt hatte. „Nun, hier ist der Grund.“

Und er öffnete einen großen Schrank, der mit vielen kleinen Schubladen ausgestattet war, und überschüttete mich mit einer großen Auswahl an herrlich bunten Etiketten, blau, rot oder gelb, mit einer Krone oder einem Diadem darauf gedruckt, mit einer solchen Fülle von Clos und Schlössern, daß man ein ganzes Zimmer damit hätte tapezieren können. Aber es war seltsam, daß alle unvertraut aussahen.

„Chateau X?“ sagte ich. „Ich habe nie davon gehört.“

„Kann ich nicht behaupten“, meinte er. „Ich habe einen von X’s Romanen gelesen.“

Es waren alles Schlösser in Spanien! Und das ist ganz gewiß der Grund, warum kalifornischer Wein in den Staaten nicht getrunken wird.

Napa Valley ist seit langem ein Sitz der Weinbauindustrie. Es begann hier nicht, wie nur allzu oft, in den niedrigen Tallandschaften entlang des Flusses, sondern führte sofort zu den rauhen Bergausläufern, wo allein man erwarten kann, Erfolg zu haben. Eine sonnige Hanglage und Steine, um die Hitze des Tages zu speichern, scheinen notwendig für den Boden für Wein; die Festigkeit der Erde muss aufgebrochen werden, ihr Innerstes täglich aufgelöst und lange veredelt werden; bis schließlich diese Schollen, die unter unserem Gewicht zerbrechen und dem Auge wie gewöhnliche Erde erscheinen, tatsächlich und für den verständigen Geist erkennbar zu einem Meisterwerk der Natur werden. Der Staub von Richebourg, den der Wind fortträgt, was ist das für eine Vergöttlichung des Staubes! Niemand vermag sich ein seltsameres Kind dieses braunen, krümeligen Staubes vorzustellen, als das Blut und die Sonne in jener alten Flasche hinter dem Reisigbündel.

Ein kalifornisches Weingut, eines der Außenposten des Menschen in der Wildnis, hat seine eigenen Merkmale. Es gibt hier nichts, was an den Rhein oder die Rhone, an die ebene Côte-d'Or oder die einfache und rauhe Einöde der Champagne erinnert; alles ist grün, einsam, verborgen. Wir besuchten zwei von ihnen, das von Mr. Schram und das von Mr. M'Eckron, die sich das gleiche Tal teilen.

Etwas weiter unten im Tal unterhalb von Calistoga wandten wir uns scharf nach Süden und tauchten in das Dickicht des Waldes ein. Ein schlichter Weg führte rasch bergauf; ein kleiner Bach plätscherte auf einer Seite entlang, groß genug vielleicht nach dem Regen, jetzt aber hauchte er bereist sein Leben aus; über uns und zu allen Seiten war eine Laube aus grünem und verworrenem Dickicht, immer noch duftend und immer noch mit Blumen der frühen Jahreszeit durchwirkt; die Thimble-Berry[18] spielte die Rolle unseres englischen Weißdorns[19] und die Roßkastanie brachte ihre verdrehten Blütenrispen hervor: Durch all dies kämpften wir uns mit einiger Anstrengung nach oben, schwankten durch die Rauheit des Weges hin und her und hatten ständig Blätter oder Blüten im Gesicht. Das letzte ist zu Hause keine große Unannehmlichkeit; aber hier in Kalifornien ist das anders. Denn in allen Wäldern und an jeder Seite gedeiht ein

18 Rubus parviflorus, Weiße Zimthimbeere.
19 Crataegus.

abscheulicher Strauch oder ein Unkraut, das Gifteiche[20] genannt wird, deren bloße Nähe für manchen giftig ist und deren tatsächliche Berührung selbst von ganz Unempfindlichen vermieden wird.

Die beiden Häuser mit ihren Weingütern standen jeweils in einer grünen Nische in diesem steilen und engen Waldtal. Obwohl sie so nah beieinander waren, gab es bereits einen bedeutenden Unterschied in der Höhenlage, und der Kopf von Mr. M'Eckron muß sich weit unter den Füßen von Mr. Schram befinden. Es war nicht mehr gerodet worden, als für den Anbau notwendig war; eng um jede Oase wuchs das Gestrüpp; das Tal umfaßt sie; dort liegen sie in Sonne und Stille, bis auf die Wolken und die Bergvögel verborgen vor jedermann.

M'Eckron ist ein Junggesellen-Unternehmen; ein kleines Holzhaus, ein kleiner Keller dicht neben dem Berghang und ein mit Reben bepflanztes Stück Land werden nur von ihm selbst gepflegt. Er hatte erst vor kurzem begonnen; seine Reben waren jung, wie sein Geschäft auch; aber ich meine, er hatte das Aussehen eines Mannes, der Erfolg hat. Er stammte aus Greenock: er erinnerte sich, wie sein Vater ihn in Mons Meg[21] steckte, und das brachte mich nach Hause; und wir tauschten ein oder zwei Worte in Scotch aus, was mir mehr gefiel, als Sie sich vorstellen können.

Mr. Schram dagegen hat das älteste Weingut im Tal, achtzehn Jahre alt, denke ich; doch begann er als mittelloser Barbier, und sogar nachdem er hier für seinen schwarzen Malvoisie[22] Boden aufgebrochen hatte, fuhr er noch lange fort, mit seinem Rasiermesser durch das Tal zu ziehen. Nun war sein Heim ein Bild des Wohlstands: ausgestopfte Vögel in der Veranda, Keller weit in

20 Toxicodendron diversilobum.

21 Mons Meg: ein schottisches Riesengeschütz im Edinburgh Castle mit einem Kaliber von 51 cm.

22 Malvasier oder Malvasia: Weiß- oder Rotweinsorte.

den Hang gegraben, die auf Säulen wie eine Räuberhöhle ruhten: alles war gepflegt und poliert, Blumen und Sonnenschein zwischen dem verworrenen Naturwald. Die stämmige, lächelnde Mrs. Schram, die Europa und offenbar auch die Staaten zu ihrem Vergnügen bereist hatte, unterhielt Fanny in der Veranda, während ich die Weine im Keller verkostete. Für Mr. Schram war dies ein feierliches Amt; seine ernsthafte Begeisterung erwärmte mein Herz. Der Wohlstand hatte noch nicht ganz eine gewisse novizen- und mädchenhafte Angst verbannt, und er beobachtete jeden Schluck und las in meinem Gesicht mit stolzer Angst. Ich verkostete alles. Ich probierte jede Variation und jede Nuance des Schramberger, roten und weißen Schramberger, Schramberger Burgunder, Schramberger Hock[23], Schramberger Golden Chasselas, letzterer besaß ein bemerkenswertes Bouquet, und ich bin in Sorge, daran zu denken, wie viele mehr. Ein Großteil davon ging nach London – die meisten, glaube ich; und Mr. Schram hatte eine gute Vorstellung vom englischen Geschmack.

An diesem Platz in der Wildnis spürte ich nicht die Heiligkeit einer klassischen Kultivierung des Bodens. Er war noch roh, da war kein Marathon und kein Johannisberg[24] entstanden; doch das anregende Sonnenlicht und die reifenden Weine und die Fässer und Flaschen in der Höhle schufen eine wohltuende Musik für den Geist. Auch hier wurde die Sahne der Erde abgeschöpft und gesammelt; und die Londoner Kunden können schmecken, wie sie ist, die Eigenart der Erde in diesem grünen Tal. So lokal, so typisch ist der Wein, daß es scheint, sogar die Vögel in der Veranda könnten von dem Aroma berichten, und der romantische Keller präge die Flasche, die demnächst in Pim-

23 Hochheimer.

24 Johannisberg: Stadtteil der Weinbaugemeinde Geisenheim im Rheingau mit einigen sehr guten Riesling-Lagen, vor allem um Schloß Johannesberg herum.

lico[25] entkorkt werden wird, und das Lächeln des fröhlichen Mr. Schram wird sich im Glas ausbreiten.

Aber das sind lediglich Experimente. Alles in diesem neuen Land entwickelt sich weiter: die Weinfässer und die Sprengwerkzeuge des Bergmanns, aber gemacht für nur eine Nacht, wie Beduinen-Zelte; und morgen, auf zu neuen Wäldern! Dieser Hang zu Veränderung und diese ewigen Echos des Fortschreitens inspiriert das Land. Männer bewegen sich ewig und jagen immer noch dem Glück hinterher; und, haben sie das Glück gefunden, ziehen sie immer noch weiter. Als wir zurück nach Calistoga fuhren, war die Straße leer, aber ihr Grünstreifen war mit Lagern reisender Familien übersät: eine war mit einem großen Wagen voller Haushaltsartikel beladen, es waren Siedler, die eine Ranch bewohnen wollten, die sie in Mendocino oder vielleicht Tehama County erworben hatten; eine andere, eine Gruppe in Staubmänteln, Männer und Frauen, die wir in einem Hain am Straßenrand sahen, umringte ganz vergnügt einen Chinesen, der für sie kochte. Sie winkten uns zu, als wir vorbeifuhren.

25 Pimlico: Stadtteil von London.

Kapitel IV: Der Schotte im Ausland

Ein paar Seiten zuvor schrieb ich, daß ein Mann in diesen Tagen zu einer Vielzahl von Ländern gehört; aber das alte Land ist immer noch die wahre Liebe, die anderen sind nur angenehme Seitensprünge. Schottland ist undefinierbar; es hat keine Einheit, außer auf der Karte. Zwei Sprachen, viele Dialekte, unzählige Formen der Frömmigkeit und vielfältige lokale Patriotismen und Vorurteile trennen uns stärker, als den extremen Osten vom Westen dieses großen Kontinents Amerika. Wenn ich zu Hause bin, fühle ich mich als ein Mann aus Glasgow, und der Mann von Barra[26] ist so etwas wie ein Rivale und mehr als nur ein halber Ausländer. Doch treffen wir uns in einem fernen Land, und stammen wir nun aus den Braes of Manor oder den Braes of Mar, überfällt uns im Augenblick eine jederzeit abrufbare Zuneigung. Es geht nicht um Rassen. Schauen Sie uns an. Der eine ist Nordländer, einer ein Kelte, und ein anderer ein Sachse. Es gibt keine Gemeinschaft der Sprache. Zwischen uns gibt es das nicht; und wir erreichen es fast bis zur Perfektion mit Englisch, Irisch oder Amerikanisch. Es gibt keine Glaubensbande, denn wir verabscheuen die Fehler aller anderen. Und doch, irgendwo, tief im Herzen eines jeden von uns, sehnt sich etwas nach dem alten Land und den alten freundlichen Menschen.

Von allen Geheimnissen des menschlichen Herzens ist dies vielleicht das unergründlichste. Dieses graue Land ist nicht besonders anmutig – mit seinem regnerischen, seenreichen Archipel, seinen Regionen dunkler Berge, seinen unansehnlichen Orten, schwarz vor Kohle, seinen baumlosen, sauren, unfreundlich aussehenden Maislandschaften, seiner malerischen,

26 Barra: südlich gelegene schottische Insel der Äußeren Hebriden.

grauen Burg und der Stadt, wo sich des Sonntags die Glocken gegenseitig übertönen und der Sturmwind tost und die Salzschauer umherwehen. Ich weiß nicht einmal, ob ich dort leben möchte. Aber lassen Sie mich in einem fernen Land hören, wie eine blutsverwandte Stimme ruft: „Oh, why left I my hame?“[27] und mir ist sofort klar, daß keine Schönheit unter dem freundlichen Himmel und keine Gesellschaft der Weisen und Guten mich für meine Abwesenheit von meinem Land zu entschädigen vermag. Und obwohl ich denke, daß ich lieber in der Fremde sterben würde, sehne ich mich aber tief in meinem Herzen danach, unter einer guten schottischen Ackerscholle begraben zu werden. Ich sage es offen, und das Gefühl in mir wird mit jedem Jahr stärker: es gibt keine Sterne, so schön wie Edinburghs Straßenlampen. Wenn ich dich vergesse, Auld Reekie[28], möge meine rechte Hand ihre Fertigkeit vergessen!

Das glücklichste Los der Welt ist es, als ein Schotte geboren zu werden. Man muß dafür in vielerlei Hinsicht bezahlen, wie für alle anderen Vorteile auf der Erde. Man muß die Paraphrasen und den kürzeren Katechismus[29] lernen, man muß in der Regel zu trinken anfangen; die Jugend ist, soweit ich es verstehe, eine Zeit des lärmenden Krieges gegen die Gesellschaft, der mehr Aufschrei und Tränen und Aufruhr verursacht, als wenn man zum Beispiel in England geboren worden wäre. Aber irgendwie ist das Leben wärmer und näher; der Kamin brennt in stärkerem Rot; die Lichter des Hauses leuchten weicher auf die verregnete Straße hinaus; die Namen, die in Vers und Musik unsere Zuneigung gewinnen, schmiegen sich enger um unsere Herzen. Ein Engländer kann morgen auf dem Chimborazo[30] einen Engländer

27 „Oh, wo habe ich meinen Schinken gelassen?“
28 Auld Reekie: Edinburgh.
29 The Westminster Shorter Catechism, aus den Jahren 1646/1647.
30 Chimborazo: Vulkan in Ecuador.

treffen, und keinen von beiden kümmert es; aber als mir der schottische Winzer von Mons Meg erzählte, war es wie Magie.

> From the dim shieling on the misty island
> Mountains divide us, and a world of seas;
> Yet still our hearts are true, our hearts are Highland,
> And we, in dreams, behold the Hebrides.
>
> And, Highland and Lowland, all our hearts are Scotch.[31]

Nur wenige Tage, nachdem ich M'Eckron getroffen hatte, erreichte mich eine Nachricht in meiner Hütte. Es war ein Schotte, der einen langen Weg von den Hügeln herunter zum Markt gekommen war. Er hatte gehört, es gebe einen Landsmann in Calistoga, und er kam ins Hotel, um ihn zu sehen. Wir haben ein paar Worte miteinander gewechselt; wir hatten uns nicht viel zu sagen – hätten uns nie getroffen, wenn wir zu Hause geblieben wären, räumlich und sozial voneinander getrennt. Und dann schüttelten wir uns die Hände, und er ging wieder zu seiner Ranch zwischen den Hügeln, und das war alles.

Ein anderer Schotte, ein Ortsansässiger, bescheiden, ernst, religiös, fuhr mich, eingedenk der Liebe zur gemeinsamen Heimat, überallhin in dem Tal und nahm so viel Interesse an mir, als wäre ich sein Sohn: mehr noch vielleicht; denn ein Sohn hat Fehler, die man zu stark wahrnimmt, während der eigenschaftslose Landsmann perfekt ist – wie ein Dufthauch von Torf.

31 Von der dunklen Alm auf der nebligen Insel / trennen uns Berge und eine Welt von Seen; / Aber dennoch sind unsere Herzen treu, unsere Herzen sind das Highland, / und in unseren Träumen erblicken wir die Hebriden. // Und, ob Highland oder Lowland, all unsere Herzen sind schottisch. James Cameron Lees (1835–1913): Stronbuy or Hanks Of Higland Yarn. Edinburgh 1881.

Und da war noch ein weiterer. Auf ihn stieß ich plötzlich, als er in aller Seelenruhe in mein Häuschen eindrang, ganz offensichtlich in der Absicht zu plündern: ein Mann von etwa fünfzig, schmutzig, abgerissen wie ein Strolch, mit einem Zylinder und einem Gehrock, und mit geschürzten Lippen, um die ihn ein Kirchenältester beneidet hätte. Er hatte genauso ein Gesicht, wie ich es ein Dutzend Mal hinter dem Sammelteller gesehen habe.

„Hallo, Sir!“ schrie ich. „Where are you going?[32]“

Gelassen drehte er sich um.

„Sie sind ein Schotte, Sir?“, sagte er ernst. „Ich auch. Ich komme aus Aberdeen. Hier ist meine Karte“, und er überreichte mir ein Stück Karton, das er in der Zeit des Regens aus der Gosse gefischt hatte. „Ich habe gerade diese Palme begutachtet“, fuhr er fort und deutete auf die scheußliche Pflanze vor unserer Tür, „das ist das größte Exemplar, das ich bisher in Califo-a-rnia gesehen habe.“

Vier oder fünf größere waren in Sichtweite. Aber was nutzen da Argumente? Er zog ein Bandmaß hervor, brachte mich dazu, ihm zu helfen, die Größe des Baumes zu messen, und trug die Zahlen in ein großes und schmutziges Notizbuch ein, alles mit der Feierlichkeit Salomos. Dann bedankte er sich reichlich bei mir und bemerkte, solche kleinen Dienste seien zwischen Landsleuten geboten, schüttelte mir die Hände, „for add lang syne“[33], wie er sagte; und hob sich feierlich von dannen, wobei ihn eine Aura von Schmutz und Betrug umgab.

Ein oder zwei Monate nach dieser Begegnung kam ein Schotte nach Sacramento – vielleicht aus Aberdeen. Jedenfalls gab es noch nie einen, der mehr Schotte in dieser weiten Welt gewesen wäre. Er konnte singen und tanzen – und trinken, nehme ich an –; und er spielte den Dudelsack mit Vitalität und

32 Etwa: „Was tun Sie da?“ auf Schottisch.

33 Eigentlich: for auld lang syne: um der alten Zeiten willen.

Geschick. Alle Schotten in Sacramento waren vernarrt in ihn und verausgabten ihre Freizeit und ihr Geld, fuhren ihn in einer offenen Droschke zwischen den Drinks herum, während er puterrot den Dudelsack blies. Das ist eine sehr traurige Geschichte. Nachdem er sich von jedem Geld geliehen hatte, verschwanden er und sein Dudelsack plötzlich aus Sacramento, und als ich das letzte Mal von ihm hörte, suchte die Polizei nach ihm.

Ich kann kaum sagen, wie sehr mich diese Geschichte amüsierte, da ich mich bereit fand, von beiden Seiten auf die gleiche Weise betrogen zu werden.

Es ist zumindest bemerkenswert, daraus zu schließen, daß die Rassen, die am weitesten wandern, Juden und Schotten, in der Welt am besten zusammenhalten sollten. Aber handelt es sich hier um Ursache und Wirkung: „Denn ihr seid Fremde im Land Ägypten gewesen.“[34]

---

34 Ex 22,20 und 5Mo 23,8.

Teil II: Mit den Kindern Israels

Kapitel I: Darf ich vorstellen: Mr. Kelmar

Eine Sache in diesem neuen Land beeindruckt den Fremden besonders, und das ist die Anzahl der Altertümer. Es gab bereits viele Zyklen der Bevölkerung, die aufeinander folgten, verstarben und Relikte zurückließen. Diese bestehen in veränderten Zeiten weiter und beeindrucken die Phantasie so nachdrücklich wie jede Pyramide oder jeder mittelalterliche Turm. Die Städte sind, wie die Weingüter, provisorisch gegründet: sie blühen und gedeihen durch vorübergehende Anlässe; und wenn die Erzader zu Ende geht und die Bergleute woanders hinziehen, bleibt die Stadt hinter ihnen zurück, wie Palmyra in der Wüste. Ich nehme an, es gibt in keinem Land der Welt so viele verlassene Städte wie hier in Kalifornien.

Das ganze Umland des Mount Saint Helena, heute so ruhig und bewaldet, war einst voller Leben durch die Bergbaulager und Dörfer. Hier steckten zweitausend Seelen unter Zelttuch; dort waren eintausend oder fünfzehnhundert in einer Stadt mit bequemen Häusern versteckt, wie für immer. Aber das Glück hatte keinen Bestand, die Minen liefen aus; und das Heer der Bergleute war abgereist und überließ diese Ecke der Welt den Klapperschlangen und dem Rotwild und den Grizzlys sowie dem langsameren, aber dauerhafteren Vormarsch der Landwirtschaft.

Mit Blick auf einen dieser verlassenen Orte, Pine Flat, an der Geysers Road, waren wir zuerst nach Calistoga gekommen. Die Vorstellung, mietfrei in ein fertiges Haus zu ziehen, hat etwas einzigartig Verlockendes. Und für den britischen Kaufmann, der in Ruhe zu Hause sitzt, mag es den Anschein haben, daß mit einem solchen Dach über dem Kopf und einer Quelle von klarem Wasser dicht daneben das ganze Problem der Existenz des freien Siedlers[35] gelöst worden sei. Die Nahrung darf jedoch nicht vergessen werden, ich werde bei Konservenfleisch so weit gehen wie die meisten Menschen; einige der schönsten Momente meines Lebens verbrachte ich über Mulligatawney[36] aus der Dose in der Kabine eines Sechzehn-Tonnen-Schoners, der wegen eines Sturmes in der Portree Bay liegengeblieben war; aber nach entsprechenden Experimenten verkünde ich verbindlich, daß der Mensch nicht allein von Dosen leben kann. Hin und wieder muß man frisches Fleisch haben. Es ist wahr, daß der große Foss, der auf der Straße am Geysir vorbeifuhr, ausdruckslos, aber von der Legende verherrlicht, dazu gebracht werden könnte, uns Fleisch zu bringen, aber der große Foss konnte uns kaum Milch bringen. Eine Kuh zu nehmen, hätte eine Weide und eine Stallmagd erfordert; danach hätte es sich kaum gelohnt, innezuhalten, und wir hätten unsere Kolonie durch eine Schafherde und einen erfahrenen Metzger vergrößern müssen.

Es ist wirklich sehr entmutigend zu sehen, wie wir in diesem Leben von anderen Menschen abhängig sind. Hier will ich ein König werden, war mein Motto – und dann entdecke ich, daß nichts daraus werden kann, es sei denn, ich finde einen Nachbarn, der viele Rinder besitzt.

35 Im Original „The squatter“, worunter ein Siedler zu verstehen ist, der sich, ohne einen Rechtstitel zu besitzen, auf einem freien Landstück niederließ, um es zu bewirtschaften.

36 Mulligatawney: indische Geflügelsuppe mit Curry.

Nun, mein wichtigster Ratgeber in dieser Angelegenheit war einer, den ich Kelmar nennen werde. Er selbst nannte sich anders, aber sobald ich ihn erblickte, wußte ich, daß dies sein Name war oder sein sollte; ich bin sicher, es wird sein Name unter den Engeln sein. Kelmar war ein Kaufmann, ein russischer Jude, gutmütig und sehr erfolgreich im Geschäft, und gleichzeitig einer der nützlichsten Männer. Er hatte auch etwas vom Benehmen eines schottischen Kirchenältesten, der durch einen merkwürdigen Zufall ein Jude war. Er hatte eine vorstehende Unterlippe, mit der er ständig lächelte, oder besser gesagt grinste. Frau Kelmar war eine einzigartig nette Frau; und der älteste Sohn hatte ein ziemlich finsteres und romantisches Gebaren und spielte an Sommerabenden sentimentale Weisen auf der Geige.

Als ich seine Bekanntschaft machte, hatte ich keine Ahnung was für eine wichtige Person Kelmar war. Aber die jüdischen Kaufleute von Kalifornien, die unmittelbar von den Bedürfnissen und Gewohnheiten der Menschen profitierten, haben sich in zu vielen Fällen zu den Tyrannen der ländlichen Bevölkerung aufgeschwungen. Kredit wird angeboten, wird dem neuen Kunden sogar aufgenötigt, und wenn er einmal über seinen Rahmen hinaus ist, ändert sich die Melodie, und er ist von nun an ein weißer Sklave. Selbst aus dem Wenigen, was ich gesehen habe, glaube ich, Kelmar könnte die Hälfte der Siedler in einem Radius von sieben oder acht Meilen um Calistoga herum ihre Sachen packen lassen, sollte er sich dafür entscheiden, die Schraube anzuziehen Diese zahlen ihm ständig, schaffen es aber nie, aus den Schulden herauszukommen. Er versorgt sie mit schlichten Waren, die sie nicht zurückzuweisen wagen; er geht hin und diniert mit ihnen, wenn er auf einem Ausflug ist, und niemand wird überschwänglicher empfangen; er ist der Freund der Familie, der Direktor ihres Unternehmens und, in einem anderen, sonst in der Neuzeit unbekannten Rang, ihr König.

Aus irgendeinem Grund schüttelte Kelmar immer den Kopf bei der Erwähnung von Pine Flat, und für einige Tage dachte ich, er mißbillige den ganzen Plan und sei deshalb mißmutig. Eines schönen Morgens aber traf er mich, strahlend lächelnd. Er habe genau den richtigen Platz für mich gefunden – Silverado, eine andere alte Bergbaustadt, gleich am Berg. Rufe Hanson, der Jäger, könne sich um uns kümmern – feine Leute, die Hansons; wir sollten nahe beim Toll House bleiben, wo die Lakeport-Kutsche täglich vorbeikommt; es sei außerdem der beste Ort für meine Gesundheit. Rufe war schwindsüchtig gewesen und war jetzt ein ziemlich starker Mann, nicht wahr? Kurz gesagt, der Ort und seine ganze Umgebung schienen wie für uns gemacht.

Er führte mich zu seinem Hintereingang, von wo, wie von jedem Punkt von Calistoga, der in den Himmel aufragende Mount Saint Helena zu sehen war. Dort, in der Kerbe, genau dort, wo sich die östlichen Ausläufer an den Berg anschlossen und anfingen, sich über die Waldzone zu erheben, da war Silverado. Der Name hatte mir schon gefallen; die hohe Lage gefiel mir noch mehr. Ich begann, mich mit Feuereifer zu erkundigen. Vor kurzem noch sei Silverado ein großartiger Ort gewesen. Die Mine – natürlich eine Silbermine – habe Großes versprochen. Es gebe eine recht lebhaft wachsende Einwohnerschaft und mehrere Hotels und Pensionen; und Kelmar selbst habe eine Filiale eröffnet, die sehr gut lief. „Nicht wahr?“ sagte er und appellierte an seine Frau. Und sie meinte: „Ja; außerordentlich gut.“ Jetzt wohne niemand mehr in der Stadt außer Rufe, dem Jäger; und noch einmal hörte ich überschwenglich Rufes Lob und diesmal im Chor gesungen.

Ich kam damals nicht umhin zu bemerken, daß etwas dahintersteckte; daß es nicht allein der Wunsch war, uns bequem unterzubringen, der die Kelmars zu diesem Wortschwall inspiriert hatte. Aber ich war voller Ungeduld, fortzugehen und mich an mein grandioses Projekt zu machen; und als uns Plätze in Kelmars Wagen angeboten wurden, nahm ich augenblicklich an. Der Plan ihres Ausflugs am nächsten Sonntag führte sie glücklicherweise über die Grenze ins Lake County. Sie würden uns bis dahin bringen, uns im Toll House absetzen, uns den Hansons vorstellen und am Montagmorgen früh wieder nach uns sehen.

Kapitel II: Erste Eindrücke von Silverado

Wir wollten genau um sechs losziehen; das wurde von beiden Seiten feierlich gelobt; und überdies kam des Abends noch ein Bote zu uns, um uns an die Stunde zu erinnern. Aber es war acht, bevor wir aus Calistoga aufbrechen konnten: Kelmar, Mrs. Kelmar, eine Freundin von ihnen, die wir Abramina nannten, ihre kleine Tochter, meine Frau, ich, und, hinter uns verstaut, eine Ansammlung von kupfernen Kaffeekesseln. Diese letzten waren sehr dekorativ mit ihrem hell glänzenden Blech, aber ich konnte mir keinen Grund für ihre Anwesenheit denken. Unsere Wagenladung reichte, soweit wir sehen konnten, gut dreihundert Jahre für uns sechs. Nebenbei, vier der sechs waren Juden. Aber ich hatte noch nie in meinem Leben eine so überzeugende Feiertags-Atmosphäre empfunden. Es wurde kein unfreundliches Wort gesprochen; und selbst wenn wir in Stille fuhren, gingen Nicken und Lächeln wie Erfrischungen in der Runde herum.

Die Sonne schien aus einem wolkenlosen Himmel herab. In der Nähe seines Zenits stand der verspätete Mond, noch deutlich sichtbar, und war, entlang eines Randes, sogar hell. Der Wind blies eine steife Brise aus Norden; die Bäume rauschten; der Mais und das tiefe Gras im Tal bogen sich in hellen Wogen; der Staub stieg entlang der Straße in die Luft und zerstob wie der Rauch einer Schlacht. Er war sofort zwischen unseren Zähnen und schaffte es, dort auch bis zum Ende unseres Weges zu bleiben.

Etwa zwei Meilen lang ratterten wir durch das Tal und umgingen die östlichen Ausläufer des Berges; dann schlugen wir uns nach rechts durch ein Hochland und überquerten einen trockenen Wasserlauf, kamen auf die Toll Road, oder, wie die Einheimischen sie nennen, auf „The Grade“. Die Straße steigt die nahe Flanke des Mount Saint Helena hinauf und geht nach Norden zum Lake County. An einer Stelle führt sie am Rand einer schmalen und tiefen, baumbestandenen Schlucht entlang, und ich war froh, an dieser Stelle nicht von dem schneidigen Foss gefahren zu werden. Kelmar, mit seinem beständigen Lächeln, begleitete die Fahrt des Pferdewagens, fuhr um alles in der Welt wie ein guter, schlichter, Landgeistlicher bei uns zu Hause; und ich bekenne, daß ich ihn für seine Furchtsamkeit gesegnet habe.

Weinberge und satte Wiesen, Inseln gleich und mit Dickicht eingerahmt, traten mehr und mehr auf, als wir zu den Wäldern aus Eiche und Madrona aufstiegen, die von einzelnen riesigen Kiefern überragt wurden. Es waren diese Kiefern, die wie Bleistifte aus dem Unterholz emporgeschossen waren und die ich so oft aus dem Tal bemerkt hatte. Von da an, wenn man nach oben oder von weitem schaut, steht jede Tanne einzeln vor dem Himmel, nicht größer als eine Wimper; und alle zusammen verleihen den Hügeln einen malerischen Anblick, als seien sie mit Fransen besetzt. Die Eiche ist nicht gerade klein, und schon gar nicht die Madrona, auf diesen Ausläufern des Mount Saint Helena, findet man sie in ziemlicher Menge, und sie konkurriert mit den Waldbäumen – aber die Kiefern schauen auf den Rest wie auf Unterholz herunter. Wie Mount Saint Helena neben ihren Ausläufern, so übertreffen diese dunklen Riesen ihre pflanzlichen Gefährten. Ach! Hätten sie nur die Mammutbäume stehenlassen, wären die Kiefern wiederum von diesen in den Schatten gestellt worden. Aber die erhabenen Redwoods, die gefällt wurden, dienen nun als Familienbetten, oder, noch bescheidener, als Feldzäune entlang des gesamten Napa Valley.

Ein rauher Geruch nach Harz lag in der Luft und eine kristallene Reinheit der Berge. Sie strömte vom Ozean her über diese grünen Hänge. Die Wälder sangen laut und spendeten großzügig ihren gesunden Atem. Die Freude schien diese oberen Regionen zu bewohnen, und wir hatten das Mittelmaß hinter uns im Tal zurückgelassen. „Ich hebe meine Augen auf zu den Bergen!“[37] Es gibt Tage in einem Leben, an denen man meint, aus dem Flachland heraus direkt in den Himmel zu steigen.

Als wir weiter aufstiegen, fiel der Wind mit zunehmender Kraft über uns her. Es war ein Wunder, wie die beiden starken Pferde es schafften, uns diese steile Steigung hochzuziehen und auch noch dem kräftigen Widerstand des Windes zu trotzen, und wie ihre großen Augen den Staub ertragen konnten. Zehn Minuten nachdem wir an der Stelle vorübergekommen waren, stürzte ein Baum um und blockierte die Straße. Und gerade vor uns war die Straße dick mit Blättern übersät und Äste waren herabgefallen, groß genug, um die Passage zu erschweren. Aber jetzt waren wir kurz vor dem Gipfel. Die Straße überquert den Grat, gerade in dem Einschnitt, den Kelmar mir von unten gezeigt hatte, und taucht sodann unvermittelt in ein tiefes, dick bewaldetes Tal auf der anderen Seite hinab. Am höchsten Punkt geht ein Weg den Haupthügel nach links hinauf; und der führt nach Silverado. Hundert Yards weiter, in einer Art Ellenbogen des Tals, steht das Toll House Hotel. Wir kamen von der Seite hoch und wurden auf dem Gipfel von der ganzen Wucht des Windes gepackt, der durch das Napa Valley strömte, aber eine Minute später hatten wir hinter der Tür des Toll Houses Zuflucht gefunden, waren jedoch alle durchgerüttelt und atemlos.

Ein Wassertank, Ställe und ein graues Haus aus zwei Stockwerken und einer Veranda schmiegen sich hart an den Berghang, genau dort, wo ein Bach sich einen schmalen Canyon ausgeschnitten hat, der eng mit Kiefern bestanden ist. Die Kiefern ragen knapp über den Canyon hinaus; und der Bach würde das Dach des Toll Hauses wie aus einem Feuerwehrschlauch über-

37 Psalm 121:1.

spült haben, träte er nur ein wenig weiter seitlich hervor. Vor dem Haus fällt der Boden so stark ab, wie er sich dahinter erhebt. Es gibt nur Platz für die Straße und eine Art Landzunge als Krocketboden, und dann können Sie über den Rand lehnen und tief unter Ihnen in den Wald schauen. Ich sagte Krocket-*Boden*, nicht *Grün*; denn die Oberfläche bestand aus brauner, festgetretener Erde. Der Schlagbaum selbst war das einzige andere Zeichen von Originalität: ein langer Balken, der sich auf einem Pfosten drehte und durch ein Gegengewicht von Steinen halbwegs horizontal gehalten wurde. Immer bei Sonnenuntergang wurde diese einfache Sperre wie ein Ladebaum über die Straße geschwungen und, so glaube ich, an einem Baum auf der anderen Seite befestigt.

Auf unsere Ankunft folgte eine bunte Szene in der Bar. Ich wurde Mr. Corwin, dem Wirt, vorgestellt; Mr. Jennings, dem Ingenieur, der dort seiner Gesundheit halber lebt; Mr. Hoddy, einem sehr angenehmen kleinen Gentleman, der einst Mitglied der Legislative von Ohio war, danach Herausgeber einer Lokalzeitung, und jetzt, mit unverminderter Würde, die Bar des Toll House bewirtschaftete. Man spendierte mir eine Reihe von Drinks und Zigarren, und genoss die hervorragende Gelegenheit, Kelmar in seiner ganzen Glorie zu sehen, freundlich, strahlend, lächelnd – und ständig dabei, dem widerstrebenden Corwin einen der Kupferkessel aufzudrängen.

Corwin, sichtlich fassungslos, leistete tapfer Widerstand und heftete in dieser Schlacht den Sieg an seine Fahnen.

Endlich machten wir uns zu Fuß auf den Weg nach Silverado. Kelmar und seine lustigen Judenmädchen waren ganz in der Stimmung eines Sonntagsausfluges, atmeten Geselligkeit und Unbestimmtheit und erduldeten einen kleinen, gräßlichen Jungen aus dem Hotel, der sie hierhin und dorthin durch den Wald führte. Für drei Menschen, die alle so alt und von so umfangreichem Körperbau waren und zu einer so würdevollen Rasse gehören, konnten sie uns durch ihre extreme und fast unbeugsame Jugendlichkeit des Geistes nur überraschen. Sie sollten lediglich zehn Minuten im Toll House bleiben; hatten sie denn nicht noch zwanzig lange Meilen Straße vor sich? Zum Dinner bleiben? Nicht sie! Die Pferde einstellen? Niemals! Sie banden sie an der Veranda mit einem dünnen Strohseil an, eines von der Art, das an diesem stürmischen Tag keinen Hut festgehalten hätte. Und bei all diesen Beteuerungen, sich beeilen zu wollen, erwiesen sie sich so verantwortungslos wie Kinder. Selbst Kelmar, der kluge, alte russische Jude, mit einem Grinsen, als habe er gerade ein Geschäft zu seiner Zufriedenheit abgeschlossen, vertraute sich und uns ernsthaft diesem Jungen an. Doch der Junge war offensichtlich nicht zuverlässig; und in diesem Fall ein höchst unsympathischer Bengel, der allem Anschein nach mit Gingerbread[38] großgezogen worden war. Er war auf sein eigenes Vergnügen aus, sonst nichts; und Kelmar folgte ihm in sein Verderben, mit dem immergleichen klugen Grinsen. Wenn der Junge sagte, es gäbe da „ein Loch in dem Berg" – ein Loch, schlicht und einfach, nicht mehr und nicht weniger – würden Kelmar und seine jüdischen Mädchen ihm hundert Yards folgen, um selbstzufrieden in dieses Loch hineinzuschauen. Zwei Stunden lang suchten wir nach Häusern; und zwei Stunden lang folgten sie uns, rochen an Bäumen, pflückten Blumen, schoben den Leichtgläubigen falsche botanische Kenntnisse unter. Hätten wir eine Pause gemacht, um sie von den nutzlosen Abschweifungen mit diesem abscheulichen Burschen abzubringen, hätten sie die Pause gemacht – hätten gelächelt und wären weiter durch die Wälder gestolpert.

Indessen gelangten wir endlich und wie durch Zufall auf eine Lichtung, spärlich bepflanzt wie ein Obstgarten, aber mit Wald-

38 Ingwerbrot oder Ingwerplätzchen.

statt mit Obstbäumen. Das war das Gelände der Bergbaustadt Silverado. Ein Stück Boden war planiert worden, wo Kelmars Laden gewesen war; und gegenüber sahen wir Rufe Hansons Haus, das immer noch auf seiner Vorderseite die Aufschrift *Silverado Hotel* trug. Kein weiteres Zeichen einer Besiedelung. Silverado Town war völlig von der Bühne verschwunden; eines der Häuser war nun das Schulhaus, weit die Straße hinunter; eines war hier verschwunden, eines dort, alle waren verschwunden.

Es war nun eine Einöde im Wald, und die Stille war ungebrochen, bis auf die große, schwache Stimme des Windes. Einige Tage vor unserem Besuch hatte sich ein Grizzlybär um das Hühnerhaus der Hansons herumgetrieben.

Mrs. Hanson war allein zu Hause, wie wir bemerkten. Rufe war draußen auf der Suche nach irgendetwas, war spät aufgestanden und war nun weg, es schien nicht klar zu sein, wohin. Vielleicht hatte er von Kelmars Kommen Wind bekommen und hatte sich nun im Unterholz versteckt oder beobachtete uns von der Flanke des Berges aus. Als wir hörten, daß hier keine Häuser zu bekommen waren, gaben wir sofort alle Hoffnungen auf Silverado auf. Aber das paßte irgendwie nicht in Kelmars Plan. Er schlug zuerst vor, daß wir „irgendwo ein Lager aufschlagen“ sollten und wedelte fröhlich mit der Hand, als würde er einen Zauber weben wollen; und als dies entschieden abgelehnt wurde, beschloß er, daß wir uns bei den Hansons einquartieren sollten. Mrs. Hanson war von Anfang an verwirrt, kleinlaut und ein wenig blaß; aber vor diesem Unterfangen schreckte sie in wilder Entrüstung zurück. Uns ging es ebenso, die wir sozusagen den Tod vorgezogen hätten. Aber Kelmar war nicht kleinzukriegen. Er drängte Mrs. Hanson in eine Ecke, wo er sie lange Zeit mit dem Zeigefinger bedrohte, wie eine Figur bei Dickens; und die arme Frau, die derart belagert wurde, erinnerte sich schließlich mit einem schrillen Schrei daran, daß es doch noch einige Häuser beim Stollen gab.

Dorthin gingen wir; die Juden, die schon meilenweit im Lake County sein sollten, begleiten uns immer noch fröhlich. Etwa eine Achtelmeile folgten wir einer guten Straße entlang des Berges und durch den Wald, bis sich diese Straße plötzlich verbreiterte und abrupt zu Ende ging. Ein Canyon, unten baumbestanden, rot, felsig und nackt über unseren Köpfen, wurde hier von einer Geröllhalde, gefährlich steil, und von zwanzig bis dreißig Fuß in der Höhe umschlossen. Eine rostige Eisenrutsche auf Holzbeinen ragte wie ein monströser Wasserspeier über den Wall. Hier hatten sie das kostbare Erz heruntergeschüttet; und unten standen die Wagen, um beladen zu werden und ihre Ladung dann den Berg hinunter zum Hüttenwerk zu befördern.

Der ganze Canyon war so total blockiert wie eine primitive Guerilla-Festung, und wir konnten nur über einige Holzleitern, die am Hang befestigt worden waren, hinaufgelangen. Diese führten uns um die weiter entfernte Ecke der Deponie; und als sie am Ende waren, stolperten wir immer noch über lose Trümmer und wateten tief durch das Laub der Gifteiche, bis wir auf eine dreieckige Plattform trafen, die das ganze Tal füllte und auf beiden Seiten durch steile Hänge des Berges einschlossen war. Nur vorne war der Platz offen wie das Proszenium eines Theaters, und wir blickten hinaus in ein großes Königreich der Lüfte und hinunter auf Baumkronen und Bergkuppen, und weit und nah in eine wilde und abwechslungsreiche Landschaft. Der Ort war noch wie an dem Tag, an dem er verlassen worden war: ein Gleis der Eisenschienen mit einer Gabelung; ein Wagen in funktionsfähigem Zustand; eine Welt aus Bauholz, altem Gehölz, altem Eisen; eine Schmiede auf der einen Seite, halb in den Blättern von zwergenhaften Madronas begraben; und auf der anderen Seite ein altes braunes Holzhaus.

Fanny und ich stürzten uns auf das Haus. Es bestand aus drei Zimmern und war so an den Hügel gepflastert, daß ein Raum direkt auf dem anderen lag und das Obergeschoss mehr als doppelt so groß war wie das untere. Alle drei Räume mußten von einer anderen Seite und einer anderen Ebene aus betreten werden. Fensterrahmen gab es nicht mehr.

Die Tür des unteren Raumes war zertrümmert, und ein Paneel hing in Splittern. Wir betraten ihn und fanden eine Menge Müll: Sand und Kies, der von den Bergwinden hereingeweht worden war; Stroh, Stöcke und Steine; einen Tisch, ein Faß; ein Geschirrregal an der Wand; zwei selbstgemachte Stiefelknechte, Spuren von Bergleuten und ihre Stiefel; und ein Paar Papiere, die auf die Bretterwand genagelt waren, jeweils mit den Überschriften „Schacht Nr. 1" und „Schacht Nr. 2", aber mit abgerissenen Enden. Das Fenster, natürlich rahmenlos, wurde durch das grüne und süß riechende Laub eines Lorbeers vereinnahmt; und durch einen Spalt im Boden war der Schößling einer Gifteiche in die Höhe geschossen und blühte im Inneren gut auf. Es war meine erste Sorge, diese Gifteiche wegzuschneiden, Fanny stand in respektvoller Entfernung daneben. Das war unsere erste Renovierung, durch die wir hiervon Besitz nahmen.

Der Raum unmittelbar darüber konnte nur über eine Holzbohle betreten werden, die gegen die Türschwelle gestützt war, über die der Eindringling ihn vorsichtig betreten und Zweige einer Gifteiche, das angemessene Produkt des Landes, ergreifen mußte, um sich zu halten. Drinnen waren, auf beiden Seiten, dreistöckige Betten, in der einst Bergleute gelegen hatten; und der andere Giebel wurde von einem rahmenlosen Fenster und einer Türöffnung ohne Türblatt durchbohrt, die sich in die Himmelsluft hinein öffnete, fünf Fuß über dem Boden. Was den dritten Raum betrifft, den man direkt vom Erdgeschoss aus betrat, der aber höher den Hügel hinauf und weiter oben in der Schlucht lag, enthielt er nur Müll und die Seitenpfosten für eine weitere dreistöckige Reihe von Betten.

Das ganze Gebäude wurde von einem steilen, massigen roten Felsen überhangen. Gifteiche, süße Lorbeerbäume, Calcanthus, Gestrüpp und Unterholz, wuchsen ungehindert, aber spärlich über allem. Vorne, in grellem Sonnenschein, war die Plattform mit Abfällen bedeckt, als würde die Arbeit der Mine morgen früh wieder beginnen.

Zurück in den Canyon, zwischen der Masse der verrottenden Pflanzen und durch die blühenden Büsche, kamen wir zu einer großen verrückten Inszenierung mit einer schiefen Winde obenauf. Wir kletterten hinauf und konnten in einen offenen Schacht schauen, Einfassungen führten seitlich hinunter in die Eingeweide des Berges, Wasser tröpfelte hinunter und wurde von einigen verirrten Sonnenstrahlen beleuchtet, woher sie kamen, weiß ich nicht. An diesem ruhigen Ort war das stille, weit entfernte Ticken der Wassertropfen laut hörbar. In der Nähe führte ein weiterer Schacht seitwärts hinauf in die darüberliegende Schulter des Hügels. Er lag teilweise offen; und sechzig oder hundert Fuß über unserem Kopf konnten wir sehen, wie die Gesteinsschichten durch feste Holzstempel abgestützt wurden. Eine Kiefer, halb freigegraben, wippte gefährlich nahe am Rande. Hier lief auch ein zerklüfteter, horizontaler Tunnel direkt in die dunklen Eingeweide des Felsens. Dieser geschützte Gang in die Flanke des Berges war, auch an diesem wilden Tag, so still wie eine Gruft[39]. Doch im Tunnel blies ein kalter, nasser Zug heftig. Ich habe diesen Ort auch nie anders als kalt und windig erlebt.

Das war unser erster Blick auf Silverado. Ich selbst, ich hatte etwas anderes gesucht: eine Gruppe benachbarter Häuser an einem Dorfanger, sämtlich leer und verlassen, sagen wir besser: alle leer, um sicher zu sein, aber ausgefegt und angestrichen; ein

39 Im Original: my lady's chamber.

Bach mit Forellen rauscht vorbei, große Ulmen oder Kastanien, in denen die Bienen summen und Singvögel darin nisten, und Berge, die ringsum stehen, wie in Jerusalem. Hier waren Berg und Haus und die alten Werkzeuge der Industrie gleichermaßen rostig und verfallen. Der Berg hier war aufgebrochen und schüttete gebrochenes Erz aus seinen Eingeweiden heraus. Männer mit ihren Picken und mit Pulver, und die Natur mit ihren eigenen großen Sprengwerkzeugen Sonne und Regen, arbeiten zusammen an der Zerstörung dieses stolzen Berges. Der Blick auf die Schlucht zeigte Verwüstung. Trockenes rotes Gestein rutscht herunter, hier und da ein Felsbrocken, hier und da zwergenhaftes Dickicht, das sich an die allgemeine Rutschpartie anklammert, und über allem eine gezackte Kontur, die an dem Blau des Himmels nagt. Abwärts allerdings erblicken wir von unserem felsigen Adlerhorst aus die grünere Seite der Natur; die Kiefern und der süße Geruch von Lorbeer und Muskatnuß empfehlen sich selbst dankbarerweise unseren Sinnen. So oder so, die Würfel sind gefallen. Silverado ist es!

Nachdem wir zum Toll House zurückgekommen waren, waren die Juden noch nicht weit gekommen. Aber ich beobachtete, daß einer der Hanson-Jungen vor ihrer Abreise herunterkam – mit einem Kupferkessel. Glückliche Hansons! Auch Kelmar war noch nicht weg, denn ich erinnere mich, daß er Rufe Details für unsere Einrichtung auftrug.

Während des letzten Teils des Tages, saßen Fanny und ich auf der Veranda des Toll House, ganz überwältigt von dem Toben des Windes zwischen den Bäumen auf der anderen Seite des Tales. Manchmal kam es uns so vor, als wären wir auf dem Meer, aber dafür war es zu monoton; und dann wieder dachten wir, es sei wie das Brüllen eines Wasserfalls, aber dafür war es wieder zu abwechslungsreich; und schließlich beschlossen wir, müde geworden, es sei mit nichts als sich selbst zu vergleichen.

Mein Geist war ganz von diesem Lärm eingenommen. Ich hörte ihn Stunde um Stunde, horchte gähnend und ließ meine Zigarette ausgehen. Manchmal bäumte er sich auf und sandte ein schrill pfeifendes Getöse durch das Laub auf unserer Seite des Tals; und manchmal erfaßte ein Windstoß den Winkel, in dem wir saßen, und warf uns Splitt und losgerissene Blätter ins Gesicht. Aber zum größten Teil ging dieser große, strömende Sturm unermüdlich an uns vorbei ins Napa Valley, keine zweihundert Yards entfernt, sichtbar durch die gepeitschten Äste, atemberaubend hörbar, und dennoch bewegte sich kein Haar auf unseren Köpfen. So blies es die ganze Nacht hindurch, während ich in meinem Tagebuch schrieb, und auch, als wir im Bett waren, unter einem wolkenlosen, sternenbesetzten Himmel; und so wehte es noch am nächsten Morgen, als wir aufstanden.

Es machte uns Spaß, darüber nachzudenken, was mit unseren fröhlichen, wandernden Juden geschehen sein könnte. Wir konnten nicht glauben, daß sie ihr Ziel erreicht hatten. Der niederträchtigste Junge könnte sie meilenweit von ihrem Weg wegführen, um ein Erdhörnchenloch anzuschauen. Jungen sahen wir als eine besondere Gefahr für sie; niemand anders hatte eine solche heiter-belanglose Wesensart, um eine ähnliche Macht auf ihren Geist auszuüben: aber gegenüber den Attraktionen eines Jungen wären ihre entschiedensten Vorsätze wirkungslos gewesen. Wir dachten, wir könnten diesen drei betagten hebräischen Müßiggängern in unserer Vorstellung folgen, wie sie auf einem Hügel und im Dickicht hin- und herwanderten, ein teuflischer Junge, der weit voraus trabt, als ihr irrlichternder Führer; und sogar noch um Mitternacht, der Wind brüllte weiter in der Dunkelheit, hatten wir eine Vision von allen dreien, wie sie auf einem Berggipfel um ein Glühwürmchen herum knieten.

Kapitel III: Die Rückkehr

Am nächsten Morgen waren wir, wie vereinbart, um halb fünf auf den Beinen, und es war zehn Uhr, bevor unsere Juden zurückkehrten, um uns abzuholen. Kelmar, Mrs. Kelmar und Abramina lächelten von Ohr zu Ohr und waren voller Geschichten über die Gastfreundschaft, die sie auf der anderen Seite gefunden hatten. Die Sache war nicht unbelohnt geblieben, denn ich beobachtete mit Interesse, daß die Kupferkessel, alle bis auf einen, „untergebracht" worden waren. Drei Lake County-Familien, zumindest, waren für das Leben mit einem Kupferkessel ausgestattet. Ach ja, das war kein vergeudeter Sonntag. Das Fehlen der Wasserkessel erzählte seine eigene Geschichte. Unsere Juden sagten nichts dazu; hingegen erzählten sie viele liebe und nette Dinge über die Menschen, die sie getroffen hatten. Vor allem die beiden Frauen waren vom Anblick eines jungen Mädchens, das von ihren Bewunderern umgeben war, bezaubert worden. Den ganzen Abend, so schien es, hatten sie gemeinsam mit den unschuldigen Erfolgen des Mädchens triumphiert, und dieser natürlichen und selbstlosen Freude gaben sie Ausdruck in einer Sprache, die in ihrer Einfachheit und Wahrheit schön war.

Nehmt sie summa summarum, nur wenige Menschen haben meinem Herzen so gut getan; sie schienen so sehr ein Anrecht zu haben, glücklich zu sein, und es in so großem Maße und so frei von Bedenken zu genießen; fast überredeten sie mich, Jude zu sein. Doch, da gab es auch, in der Tat, ein Klimpern von Geld in ihrem Vortrag. „Er kümmert sich nicht drum, nicht wahr?" war ihr höchstes Wort der Anerkennung für ein individuelles Schicksal; und hier scheine ich die Wurzel ihrer Philosophie zu begreifen – es war, frei von Fürsorge zu sein, frei zu sein, diese sonntäglichen Wanderungen zu machen, auf denen sie so eifrig nach Reichtum strebten; und all diese Sorgfalt war sorglos. Der feine, gute Humor aller drei schien zu verkünden, daß sie ihr Ziel erreicht hatten. Aber es gab auch die andere Seite; und die war für die Empfänger von kupfernen Wasserkesseln vielleicht sehr wichtig.

Kaum waren sie zurückgekehrt, begann die Geschichte von gestern erneut. Die Pferde waren dieses Mal nicht einmal mit einem Strohseil angebunden – es lohnte sich nicht. Kelmar verschwand in der Bar und ließ die Pferde unter einem Baum auf der anderen Straßenseite zurück. Ich mußte mich ihnen widmen. Beinahe eine Stunde, nehme ich an, stand ich unter dem Schatten dieses Baumes, und hatte nicht das Herz, zornig zu sein. Einmal erinnerte sich einer an mich und brachte mir einen halben Tumbler des lustigen, harmlosen amerikanischen Cocktails. Ich trank ihn, und siehe! Stränge lebendigen Feuers liefen mein Bein hinunter; und dann blieb ein Herd des Flächenbrandes in meinem Magen sitzen, nicht unangenehm, für eine Viertelstunde. Ich liebe diese süßen, feurigen Schmerzen, aber ich werde der Versuchung widerstehen. Den Großteil der Zeit verbrachte ich damit, den Pferden, die es sehr zu genießen schienen, so viel französische Poesie vorzutragen, wie mir einfiel. Ich hub an:

> O ma vieille Font-georges
> Ou volent les rouges-gorges:[40]

Und fuhr fort, zu einem stampfenden Takt:

> Et tout tremble, Irún, Coïmbre,
> Santander, Almodóvar,
> Sitôt qu'on entend le timbre
> Des cymbales do Bivar.[41]

---

40 Théodore de Banville; À la Font-Georges.

41 Victor Hugo, Après les dieux, les rois. VI. Le Roi Abject.

Die Rotkehlchen und die Schnäpper Europas in diesem trockenen und gesanglosen Land; tapfere alte Namen und Kriege, starke Städte, Klang der Becken und eine helle Rüstung in diesem Winkel des Berges, heilig nur den Indianern und den Bären! Das ist immer noch das Seltsamste auf allen Reisen des Menschen, daß er unpassende Erinnerungen mit sich herumträgt. Es gibt kein fremdes Land; es ist der Reisende nur, der fremd ist, und hin und wieder, durch einen Blitz der Erinnerung, werden die Gegensätze der Erde erhellt.

Aber während ich so in meiner Phantasie umherwanderte, waren große Kunststücke in der Bar vollzogen worden. Corwin der Tapfere war gefallen, Kelmar wurde wieder mit Lorbeeren gekrönt, und der letzte Kupferkessel hatte den Besitzer gewechselt. Hätte ich jemals an der Reinheit von Kelmars Motiven gezweifelt, wenn ich ihn jemals in seinem ewigen Herumbummeln eines einzigen Gedankens an das Geschäft verdächtigt hätte, jetzt, als der letzte Wasserkessel entsorgt worden war, musste mein Verdacht beschwichtigt worden sein. Ich vermag nicht zu sagen, wieviel mehr Zeit verschwendet wurde; noch wie oft wir losfuhren, nur um wieder zurückzufahren und unterbrochene Gespräche über nichts fortzusetzen, bevor das Toll House tatsächlich zurückgelassen wurde. Ach! Und keine Meile weiter unten steht eine Ranch an einem sonnigen Weinberg, und hier müssen wir alle wieder absteigen und eintreten.

Nur die alte Dame war zu Hause, Mrs. Guele, eine braune, alte schweizer Dame, das Ebenbild der Ehrbarkeit; und mit ihr tranken wir eine Flasche Wein und führten ein ewig langes Gespräch, das sehr reizvoll gewesen wäre, wenn Fanny und ich nicht vor Hunger ganz schwach gewesen wären. Die Damen erzählten jeweils die Geschichten ihrer Ehe, unsere beiden Juden mit der schönsten Kombination aus Gefühl und finanziellen

Gemeinplätzen. Besonders Abramina schmeichelte sich mit jedem Wort ein. Sie war so einfach, natürlich und bezaubernd wie ein Kind, das zum Geschäft eines Geldwechslers erzogen werden sollte. Eine Anekdote war so prächtig jüdisch, daß ich sie nicht auslassen darf. Als ihr „alter Mann“ aus Amerika nach Hause schrieb, vertraute ihr die Familie ihres alten Mannes nicht das Geld für die Passage an, bis sie sich durch einen Eid – auf den Knien, sagte sie, wie ich meine – gebunden hatte, es nicht anderweitig zu verwenden.

Das hatte Abramina enorm amüsiert, aber ich denke, mich weitaus mehr.

Mrs. Guele erzählte von ihrem Heimweh hier oben in den langen Wintern; von ihrem Ehemann, von Landfrauen-Ärger und Zwischenfällen auf der Reise; wie sie in der Bank in Frankfurt befürchtet hatte, der Banker würde, nachdem er ihren Scheck angenommen hatte, jede Kenntnis davon ableugnen – eine Angst, die ich selbst jedes Mal habe, wenn ich zu einer Bank gehe, und wie ihr bei der Fahrt durch die Lüneburger Heide eine alte Dame, die ihre Ängste bestätigte und ihr „den Segen einer Achtzigjährigen“ gegeben hatte, der sie sicher in die Staaten bringen würde. „Und das erste, was mir passierte, war“, fügte Mrs. Guele hinzu, „eine Treppe hinunterzufallen.“

Endlich verließen wir das Haus, und gingen prompt in die Falle, denn – gerechter Himmel! – hier kam Mr. Guele aus seinem Weinberg. So verging eine weitere Viertelstunde; bis wir uns endlich, auf unser inniges Flehen hin, wieder wirklich auf den Weg machten, Fanny und ich waren kreidebleich und still, aber die Juden lächelten immer noch. Mir blieb das Herz stehen: Es gab noch einen weiteren Aufenthalt! Und endlich kamen wir nach Calistoga, es war zwei Uhr am Nachmittag vorbei. Fanny und ich hatten um sechs Uhr morgens gefrühstückt, acht endlos lange Stunden zuvor. Wir waren ein blasses Paar; aber die Juden lächelten immer noch.

So endete unsere Exkursion mit den Dorfwucherern; aber wir hatten jetzt, da es geschehen war, weder eine verständigere Ahnung von der Natur des Unternehmens, noch von der Rolle, die wir darin spielten, als ein ungeborenes Kind. Daß alle Menschen, die wir getroffen hatten, die Sklaven von Kelmar waren, wenn auch in verschiedenen Graden der Knechtschaft; daß wir selbst im Interesse von niemandem außer Kelmar den Berg hinaufgesandt worden waren; daß das Geld, das wir ausgegeben hatten, Dollar für Dollar, Cent für Cent durch die Hände verschiedener Vermittler letztlich komplett in Kelmars Kasse hüpfen sollte – das waren Tatsachen, die wir erst im Laufe der Zeit und durch sich mehrende Beweise erkennen konnten. Schließlich aber wurden alle Zweifel getilgt, als einer der Kesselbesitzer gestand. Als er seinen Pferdewagen im Mondlicht, ein wenig außerhalb von Calistoga, anhielt, sagte er mir sehr wortreich, daß er es nicht wagen würde, sich mit einem leeren Geldbeutel blicken zu lassen. „Sehen Sie, es macht nichts, wenn es auch nur fünf Dollar waren, Mr. Stevens“, sagte er, „aber *etwas* muß ich Mr. Kelmar geben.“

Selbst jetzt, da mir die ganze Tyrannei klar ist, kann ich es nicht über mich bringen, so wütend zu sein, wie ich es wegen des jüdischen Tyrannen vielleicht sein sollte. Das ganze Spiel beim Geschäft besteht darin, meinen Nächsten arm zu machen; und obwohl dieses Spiel vielleicht häßlicher aussieht, wenn es in so enger Nähe und in so kleinem Maßstab gespielt wird, ist es dafür an sich nicht unmenschlicher. Der Dorf-Wucherer ist kein so trauriger Charakterzug der Menschheit und des menschlichen Fortschritts wie der Millionen-Fabrikant, der sich an der Mühe und dem Verlust von Tausenden mästet und doch von seinem Podest die Gier und Unehrlichkeit der Vermieter beklagt. Wenn es fair war, daß Cobden[42] Land von Eigentümern aufkaufte, die er über seinen wahren Wert im Unklaren ließ, war es fair genug von meinem russischen Juden, seinen Bauern Kredit zu gewähren. Wenn Kelmar sich des Balkens im eigenen Auge nicht bewußt war, schwieg er zumindest über den Splitter im Auge seines Bruders.

42 Richard Cobden (1804–1865), führender britischer Vertreter der Freihandelsbewegung, dessen Bemühen eine deutliche Verbesserung der Lebensmittelversorgung in Großbritannien zu verdanken war.

Die Inbesitznahme des Hauses

Wir waren vier Hausbesetzer – ich und meine Frau, der König und die Königin von Silverado; Sam, der Kronprinz; und Chuchu, der Großherzog. Chuchu, ein Setter, mit einem Spaniel gekreuzt, war der ungeeignetste für ein rauhes Leben. Er war zärtlich in Gesellschaft der Damen gepflegt worden; sein Herz war groß und weich; er betrachtete das Sofakissen als ein Bett, das zu seiner Existenz notwendig war. Obwohl er ungefähr so groß wie ein Schaf war, liebte er es, auf dem Schoß einer Dame zu sitzen; er hat nie ein schlechtes Wort in all seinen unbescholtenen Tagen gesagt; und wenn er eine Flöte gesehen hätte, hätte er sicher von Natur aus darauf spielen können. Es mag schlimm erscheinen, es von einem Hund zu sagen, aber Chuchu war eine zahme Katze.

Der König und die Königin, der Großherzog, versehen mit einem Korb mit kaltem Proviant für den unverzüglichen Gebrauch, brachen von Calistoga in einem Pferdewagen auf; der Kronprinz zu Pferd voraus wie ein Vorreiter. Taschen und Kisten und ein gebrauchter Herd sollten uns mit Hansons Team dicht auf den Fersen folgen.

Es war ein schöner, ruhiger Tag; der Himmel war eine einzige azurblaue Fläche. Kein Blatt bewegte sich, kein Fleck erschien im Himmel. Nur vom Gipfel des Berges löste sich ein kleiner schneeweißer Wolkenfetzen nach dem anderen, wie Rauch von einem Vulkan, und wehte in einem hohen Luftstrom nach Süden: Der Mount Saint Helena war weiterhin an seiner endlosen Arbeit, das Wetter zu machen, wie eine Lappland-Hexe.

Gegen Mittag waren wir in Sichtweite des Hüttenwerkes gekommen: ein massiges, braunes Gebäude, auf halbem Weg den Berg hinauf, groß wie eine Fabrik, zwei Stockwerke hoch, und mit Tanks und Leitern entlang des Daches; das wir für einen Ableger unserer Silverado-Mine hielten. Dorthin gingen wir und durchquerten das Tal auf einem Grasweg; aßen dort aus unserem Korb zu Mittag, saßen in einer Art Portikus, und staunten, während wir aßen, über diesen großen Klotz eines nutzlosen Gebäudes. Durch einen Spalt konnten wir weit ins Innere schauen und Sonnenstrahlen durch den Staub fluten und Reihe um Reihe auf die schweigsamen, rostigen Maschinen treffen sehen. Sie hatten sechstausend Dollar, zwölfhundert englische Sovereigns, gekostet; und standen jetzt hier verlassen, wie in einem Tempel einer vergessenen Religion. Die geschäftigen Arbeiter schuften woanders. Die ganze Zeit über, die wir dort verbrachten, zeigte sich in dem Hüttenwerk und in der ganzen Niederlassung kein Lebenszeichen; der Teil der Bergseite, der sehr offen und grün ist, war von keinem Lebewesen außer uns selbst und den Insekten gepachtet; und nichts rührte sich außer der Wolkenmanufaktur auf dem Berggipfel. Es war eigenartig, dies mit den früheren Tagen zu vergleichen, als die Maschine unter Voll-Last lief und das Hüttenwerk zu ihren Stößen pochte und die mit Erz beladenen Wagen von Silverado herunterklapperten.

Um zwei waren wir in der Mine gelandet, der Pferdewagen war bereits weg, und wir waren mit unseren eigenen Gedanken und dem Korb des kalten Proviants zurückgelassen worden, bis Hanson eintreffen sollte. Es war heiß, aber dennoch lag so etwas wie Frösteln in so einem Heimkommen, in jene Welt aus Untergang und Rost, Splitter und rollendem Kies, wo so viele Jahre lang kein Feuer geraucht hatte.

Die Silverado-Ebene füllte die gesamte Breite des Canyons. Oben, wie gesagt, war dies eine wilde, rote, steinige Schlucht in den Bergen; aber darunter war sie bewaldet. Und hindurch, so wurde mir gesagt, lief ein Weg von der Mine zu dem Toll House – unsere natürliche Nordwestpassage zur Zivilisation. Ich fand ihn und folgte ihm und bahnte mir den Weg, als es durch herabgefallenes Geäst und über abgestorbene Bäume ging. Es ging diese abschüssige Schlucht geradeaus hinunter, bis der Weg abrupt über den Dächern des Hotels hervortrat. Es gab nirgendwo eine Unterbrechung in dem Gefälle. Es schien fast so, als würde ein Stein, den man auf der alten Eisenrutsche an unserer Plattform fallenließ, nicht eher zur Ruhe kommen, bis er auf die Schindeln des Toll House hüpfte. Es mangelte nicht an Hinweisen auf die einstige Größe von Silverado. Der Fußweg war gut markiert und der Lehm war von durstigen Bergleuten gut festgetreten worden. Und weit unten, unter Laub begraben, weit aus der Sichtweite von Silverado, traf ich auf einen letzten Außenposten der Mine – einen Hügel aus Geröll, die Überbleibsel eines hölzernen Aquäduktes und die Mündung eines Tunnels, ähnlich einer Schatzhöhle in einer Märchengeschichte. Ein Wasserstrom, gespeist durch das unsichtbare Leck aus unserem Schacht und rot gefärbt durch Zinnober oder Eisen, lief aus den Eingeweiden der Höhle heraus; und weit unter dem Bogen sah ich so etwas wie eine eiserne Laterne, die an der Felswand befestigt war. Es war ein vielversprechender, phantasiereicher Ort. Kein Junge hätte ihn unerforscht lassen können.

Der Bach stahl sich von dort aus entlang des Bodens der Waldschlucht dahin und ließ – für dieses trockene Land – ein angenehmes Plätschern in den Blättern hören. Einst, nehme ich an, lief er die ganze Länge des Canyons hinunter, aber jetzt war sein Quellwasser vom Schacht in Silverado angezapft worden, und verlief über eine lange Strecke sonnenlos zwischen den Ausläufern des Berges. Ohne Frage würde er sein Tempo beschleunigen, wenn er voraussähe, wie Tageslicht das Gewölbe aufhellte und er mit einem Lied ins Sonnenlicht hervorbrauste.

Die beiden Wagen waren schon weg, als ich runterkam, und das Toll House stand da, in Sonne und Staub und Stille, wie ein verzauberter Ort. Meine Aufgabe war, nach Heu für die Betten zu suchen, und das hatte ich bereitwillig versprochen. Aber als ich meinte, wir sollten auf Rufe warten, schüttelten die Leute den Kopf. Rufe war ohnehin kein normaler Mann, wie es schien; und wenn er Poker spielte – nun, Poker war zu viel für Rufe. Ich hatte darüber noch nichts vernommen, aber es schien eine natürliche Verbindung zwischen Poker und Rufe zu bestehen, und ich begann, Schlimmes zu befürchten. Sobald ich nach Silverado zurückgekehrt war und meine Geschichte erzählt hatte, gaben wir Hanson praktisch auf und machten uns daran, das zu tun, was wir auf unserer einsamen Insel für möglich halten konnten.

Der untere Raum war das Büro des Edelmetallprüfers gewesen. Der Boden war dick bedeckt mit Ablagerungen – teils menschlichen, von den ehemaligen Insassen, teils natürlichen Ursprungs, von Bergwinden hereingeweht. In einem Meer aus rotem Staub schwammen oder trieben Stöcke, Bretter, Heu, Stroh, Steine und Papier; alte Zeitungen vor allem – eine Zeitung, besonders, wenn sie zerfetzt ist, wird bald zu einer Antiquität – und Rechnungen über Übernachtungen in Silverado; einige stammten aus Silverado, einige von der Calistoga-Mine. Hier ist eine, wörtlich; und wenn jemand die Tarife berechnen kann, gewinnt er meine neidvolle Bewunderung.

Calistoga Mine, May 3rd, 1875. John Stanley
To S. Chapman, Cr.

To board from	April 1st, to April 30th	$ 25.75
" " "	May 1st, to 3rd	$ 2.00
		$ 27.75

Wo schürft John Stanley jetzt? Wo ist S. Chapman, in dessen gastfreundlichen Mauern wir uns aufhalten? Das Datum lag nur fünf Jahre zurück, aber in dieser Zeit hatte sich die Welt für Silverado verändert; wie Palmyra in der Wüste hatte es sein Volk und seinen Zweck überlebt; wir lagerten, wie Layard, inmitten von Ruinen, und diese Namen sprachen zu uns von prähistorischen Zeiten. Ein Stiefelknecht, ein Paar Stiefel, eine Hundehütte und diese Rechnungen von Mr. Chapman waren die einzigen redenden Relikte, die wir aus dem riesigen Silverado-Müllhaufen ausgruben; aber was hätte ich nicht gegeben, einen Brief, ein Notizbuch, einen Terminkalender, nur ein Kassenbuch oder eine Lohnliste aufzustöbern, um mich auf persönlichere Weise in die Vergangenheit zurückführen zu lassen? Überdies gefällt mir der Gedanke, daß Stanley oder Chapman, oder einer ihrer Gefährten, zufällig auf diese Chronik stoßen und von den Namen beeindruckt sein könnten und einige Neuigkeiten von ihrem früheren Zuhause lesen können, die sozusagen aus einer nachfolgenden Epoche der Geschichte in dieser Ecke der Welt kommen.

Als wir über den miteinander vermengten Müll auf dem Boden stolperten, ihn mit den Füßen traten und nach diesen schriftlichen Zeugnissen der Vergangenheit tasteten, brachte Sam mit etwas geweißtem Gesicht eine Papiertüte hervor. „Was ist das?“ fragte er. Es enthielt ein gekörntes Pulver, etwas in der Art von *Gregory's Mixture*[43], aber rosiger; und da es mehrere der Säcke gab, und jeder mehr oder weniger aufgerissen, war das Pulver weit auf dem Boden verteilt. Hatte jemand von uns jemals so viel Pulver gesehen? Nein, das hatte niemand; und sofort entstand in meinem Kopf eine nebulöse Überzeugung, die

43 James Gregory, schottischer Arzt und Professor der Medizin, Sohn des John Gregory, Erfinder der Gregory's Mixture, eines bekannten Pulvers gegen Magenbeschwerden.

sich mit jedem Moment mehr zu einer Gewißheit entwickelte, daß ich irgendwo von irgendjemand gehört hatte, wie er ein solches Pulver, wie das um uns herum, beschrieb. In der Zwischenzeit habe ich gelernt, daß es sich um eine Substanz handelt, die Talg nicht unähnlich ist, und die für die ganze Welt in Rollen produziert wird, die wie Talgkerzen aussehen.

Um uns aufzuheitern, erzählte uns Fanny die Geschichte eines Gentlemans, der in einer Nacht, wie wir jetzt, in einer verlassenen Mine sein Lager aufgeschlagen hatte. Er war ein praktischer, sparsamer Kerl und schaute nach rechts und links, um etwas zu erbeuten, aber alles, worauf er seine Hände legen konnte, war ein Kanister mit Öl. Nach Einbruch der Dunkelheit mußte er mit einer Laterne nach den Pferden sehen; und um die günstige Gelegenheit nicht auszulassen, füllte er seine Lampe aus der Ölkanne. So ausgerüstet ging er in den Wald. Wenig später hörten seine Freunde eine laute Explosion; der Berg hallte brüllend wider, und dann war alles still. Bei der Untersuchung erwies es sich, daß die Kanne tatsächlich Öl enthielt, mit einer kleinen Zugabe von Nitroglycerin allerdings. Nachforschungen ergaben weder eine Spur von dem Mann noch der Laterne.

Es muß ein schöner Anblick gewesen sein, wie wir im Anschluß an diese Anekdote die Unmengen an Pulver herausfegten. Nie schien es uns weit genug weg zu sein. Später erwies es sich allerdings als Gesteinsmehl, das für eine Analyse zerstoßen worden war.

So viel zum unteren Raum. Wir kratzten einen Teil des gröberen Schmutzes vom Boden und beließen es dabei. Das war unser Wohnzimmer und unsere Küche, obwohl man sich nirgends hinsetzen konnte, außer auf den Tisch, und es gab keine Vorkehrung für ein Feuer außer einem Loch im Dach des Zimmers oben, das einst den Rauchabzug eines Ofens aufgenommen hatte.

Wir nahmen uns jetzt den oberen Raum vor. Da waren die achtzehn Kojen in einer doppelten Ebene, neun auf beiden Seiten, wo einstmals achtzehn bis sechsunddreißig Bergleute gemeinsam die ganze Nacht geschnarcht hatten, John Stanley vielleicht am lautesten. Da war das Dach mit einem Loch darin, wodurch die Sonne nun einen Pfeil schoß. Der Fußboden befand sich in fast dem gleichen Zustand wie der unten, oder doch, vielleicht gab es mehr Heu, und es lag allerdings als zusätzliche Zutat zerbrochenes Glas herum, dem Mann, der die Fensterrahmen gestohlen hatte, war offenbar ein Mißgeschick geschehen. Ohne einen Besen, ohne Heu oder Betten, konnten wir uns nur mit einem Anflug von Resignation umschauen. Der eine taghelle Pfeil ließ in dieser öden und zerschmetterten Baracke den Rest schmutziger und düsterer aussehen, und der Anblick trieb uns schließlich ins Freie.

Auch hier war das Werk des Menschen zerstört; aber alle Pflanzen waren lebendig und gediehen; der Blick nach unten bot die frischen Farben der Natur; und wir hatten einen düsteren, menschlichen Dachboden gegen eine – gleichwohl unordentliche – Ecke der blauen Halle des Himmels getauscht. Kein Vogel, kein Tier, kein Reptil. Es gab keinen Lärm in diesem Teil der Welt, außer wenn wir an dem Gerüst vorbeigingen und das Wasser musikalisch in den Schacht fallen hörten.

Wir liefen hin und her. Wir durchstöberten die Schicht aus Holz und Eisen, Nägeln und Schienen, und Schwellen und den Rädern der Schienen. Wir blickten durch die Kluft in den Schoß des Berges. Wir saßen am Rand der Deponie und sahen weit unter uns die grünen Baumkronen, die still in der klaren Luft standen. Schöne Düfte, ein Hauch von Lorbeer, Harz und Muskatnuß, kam öfter zu uns und wurde süßer und schärfer, als der Nachmittag verging. Aber immer noch war nichts von Hanson zu hören.

Ich machte mich mit Picke und Schaufel daran und vertiefte den Pool hinter dem Schacht, bis wir sicher waren, daß genügend Wasser für den Morgen da sein würde; und als ich fertig war, war die Sonne dabei, hinter der Bergflanke unterzugehen, die Plattform war in einen stillen Schatten getaucht, und Kälte stieg vom Himmel herab. Die Nacht begann früh in unserer Kluft. Vor uns, über den Rand der Deponie, konnten wir sehen, wie die Sonne noch schräg in die bewaldete Felsspalte unten und auf den mit Zinnen versehenen, von Kiefern bestreuten Graten auf der anderen Seite auftraf.

Es gab natürlich keinen Herd und keine Kochstelle in unserer Unterkunft, also besannen wir uns auf die Esse der Schmiede über die Plattform. Wenn die Plattform als Bühne genommen würde, und der gekrümmte Rand der Halde als Linie der Lampen am Rand der Bühne, dann wäre unser Haus die erste Kulisse auf der linken Seite der Schauspieler, und die Esse der Schmiede, obwohl sie in der Größe nicht paßte, die erste auf der rechten Seite. Es war eine niedrige, braune Hütte, die dicht an den Hügel gesetzt worden war und vom Laub und den sich schälenden Ästen eines Madronadickichts überwuchert wurde. Drinnen war sie voll von verwelkten Blättern, Bergstaub und Müll aus der Mine. Aber bald hatten wir ein gutes Feuer hell lodern und saßen nah dabei auf improvisierten Sitzen. Chuchu, der Sklave der Sofa-Kissen, winselte um ein weicheres Bett; aber der Rest von uns wurde von diesem guten Feuergeschöpf, das uns Wärme und Licht und gesellige Klänge gab und ein völlig leeres Gebäude besser als Fresken farblich erblühen ließ, großartig wiederbelebt und getröstet. Für eine Weile war es sogar angenehm in der Schmiede, mit dem Feuer in der Mitte und dem Blick über unsere Schultern auf die Wälder und Berge, wo der Tag in den Farben einer Goldbrasse verglühte.

Es war zwischen sieben und acht, als Hanson ankam, mit einer Menge von unseren Effekten und zwei Verwandten seiner Frau, um ihm zur Hand zu gehen. Der Ältere zeigte überraschende Stärke. Er schnappte sich einen riesigen Packkoffer, voll von allen möglichen Büchern, schwang ihn auf seine Schulter und stieg die beiden aberwitzigen Leitern und die halsbrecherische Halde von rollendem Mineral hinauf, auf etwas, was wir unter uns als einen Pfad bezeichneten, der von der Wagenspur zu unserem Haus führte. Selbst für einen Mann ohne Last war der Aufstieg mühsam und schwierig; aber Irvine schaffte es leichten Fußes, trug Kiste auf Kiste, wie der Held das Bühnenkind den bequemen Fußweg neben dem Wasserfall im fünften Akt. Mit einem so starken Helfer war das Geschäft schnell erledigt. Bald war das Büro des Edelmetallprüfers gedrängt voll mit unseren Habseligkeiten, gestapelt wie Kraut und Rüben, und kopfüber auf dem Boden. Es waren unsere Kisten, in der Tat, aber meine Frau hatte ihre Schlüssel in Calistoga gelassen. Da war der Ofen, aber leider hatten unsere Träger das Abzugsrohr vergessen und eine der Platten entlang der Straße verloren. Das Silverado-Problem harrte noch seiner Lösung.

Rufe selbst war würdevoll und bekannte gutmütig seinen Anteil an der Schuld; er hatte sogar, wenn ich mich recht erinnere, sein Bedauern zum Ausdruck gebracht. Aber seine Mannschaft grinste zu meinem Erstaunen und Ärger von Ohr zu Ohr und lachte laut über unsere Not. Sie fanden das vergessene Ofenrohr „wirklich lustig“, sowie „wirklich lustig“, daß sie eine Platte verloren haben sollten. Was das Heu betrifft, so weigerte sich die ganze Gesellschaft, uns irgendetwas zu bringen, bis sie gegessen hätten. Man stelle sich vor, wie spät sie dran waren! Noch nie war eine Arbeit derart erledigt worden! Und auch nicht oft, vermute ich, gab es so ein Pokerspiel wie das, bevor sie ans

Werk gingen. Aber gegen neun, als besonderen Gefallen, sollten wir etwas Heu bekommen.

Also nahmen sie ihren Abschied und ließen mich sprachlos dastehen, und wir resignierten und warteten auf ihre Rückkehr. Das Feuer in der Schmiede war dabei auszugehen, und wir waren allesamt zu müde, um ein neues zu entzünden. Wir dinierten, oder, um dieses Wort nicht an der falschen Stelle zu benutzen, wir aßen mehr schlecht als recht in der alptraumhaften Unordnung im Büro des Edelmetallprüfers, niedergelassen zwischen den Kisten. Eine einzige Kerze spendete uns Licht. Es könnte kaum als Einweihungsfeier bezeichnet werden; denn es gab natürlich kein Feuer, und mit den beiden offenen Türen und dem offenen Fenster, wie Durchbrüche in einer Festung, die in die Nacht hinaus klafften, begann es schnell kalt zu werden. Die Unterhaltung schlief ein; niemand bewegte sich außer dem unglücklichen Chuchu, der immer noch auf der Suche nach Sofakissen war und klagend zwischen den Koffern herumstolperte. Es bedurfte einer festen frohsinnigen Gemütslage, um hoffnungsvoll nach vorn blicken zu können, von einem so trostlosen Anfang über die kurzen Stunden der Nacht bis zum warmen Schein der Sonne am Morgen.

Aber das Heu kam endlich, und wir zogen mit unserem letzten Funken Mut ins Schlafzimmer. Wir hatten den Eingang ausgebessert, aber es war immer noch eine Art Seil-Wanderung; und es wäre drollig gewesen, mitanzusehen, wie wir nacheinander bei Kerzenlicht unter dem freien Sternenhimmel dort hinaufkletterten.

Die Tür nach Westen – durch die man in die Schlucht hinaufblickte und durch die wir über unsere Brücke der fliegenden Bohle eintraten – war immer noch ganz, eine hübsche, getäfelte Tür, das vollendetste Stück Zimmermannswerk in Silverado. Und die beiden niedrigsten Kojen daneben haben wir für diese

Nacht grob mit Heu ausgefüllt. Durch den gegenüberliegenden und nach Osten schauenden Giebel mit seiner offenen Tür und seinem Fenster fiel ein schwacher, blasser Sternenschein wie Nebel in den Raum; und als wir einmal im Bett lagen, lagen wir und warteten auf den Schlaf, in einer verwunschenen, unvollständigen Dunkelheit. Zuerst war die Stille der Nacht vollkommen. Dann setzte in der Ferne zwischen den Baumkronen ein hell klingender Wind ein und wurde Stunde um Stunde stärker. Es schien mir ein ähnlicher Wind zu sein, wie wir ihn bei unserem Besuch angetroffen hatten; doch hier in unserer offenen Kammer wurden wir nur von sanften und erfrischenden Luftzügen angeweht, so tief war die Schlucht und so dicht war unser Haus unter den überhängenden Felsen gesetzt.

Die Familie des Jägers

Es gibt eine ziemlich große Rasse oder Klasse von Menschen in Amerika, für die wir in England kaum eine Parallele zu haben scheinen. Von reinem weißem Blut sind sie in Städten unbekannt oder nicht zu erkennen; sie bevölkern die Ränder der Siedlungen und die abgelegenen, ruhigen Orte des Landes, sind rebellisch gegenüber aller Arbeit und geringfügig diebisch, wie die englischen Zigeuner; ländlich ungebildet, aber mit einem Hauch von Bauernschläue und der Fingerfertigkeit von Barbaren. Woher sie kamen, ist umstritten. Zur Zeit des Krieges strömten sie in Mengen nach Norden, um der Wehrpflicht zu entkommen; im Sommer lebten sie von Früchten, wilden Tieren und Kleindiebstählen; und bei der Annäherung des Winters, als diese Vorräte ausgingen, legten sie große Brände im Wald und starben stoisch des Hungers. Sie sind jedoch weit verstreut und leicht zu erkennen. Rüpelhaft, aber nicht schlecht aussehend, sitzen sie den ganzen Tag herum, lassen ihre Beine von einem Feldgatter herabbaumeln, den Geist scheinbar so frei von jeder Reflexion wie ein Suffolk-Bauer, unbekümmert gegenüber jeder Politik, zum größten Teil unfähig zu lesen, aber von einer rebellischen Eitelkeit und mit einem starken Gefühl der Unabhängigkeit. Die Jagd ist ihr angenehmstes Geschäft, oder, wenn es Gelegenheit dazu gibt, spielen sie gern ein wenig den Amateur-Detektiv. Bei der Suche nach Spuren eines Verbrechers, einem bestimmten Pferd entlang eines ausgetretenen Fahrweges zu folgen und Schlüsse aus einem Haar oder einem Fußabdruck zu ziehen – da wird einer dieser schläfrigen, grinsenden Hodges[44] plötzlich körperliche Aktivität und geistigen Scharfsinn zeigen. An ihren Namen kann man sie erkennen, Frauen geben sich als Loveina, Larsenia, Serena, Leanna, Orreana aus; die Männer als Alvin, Alva oder Orion, ausgesprochen Orrion, mit Betonung auf der ersten Silbe. Ob sie in der Tat eine Rasse sind, oder ob dies die Form der Entartung ist, die allen Hinterwäldlern gemeinsam ist, sie sind zumindest unter einem typischen Begriff bekannt: als Poor Whites[45] oder Low-Downers[46].

Ich will nicht sagen, dass die Familie Hanson zu den Poor Whites gehörte, weil in der Bezeichnung eine Beleidigung mitschwingt; aber ich kann andeuten – sie waren diesen Menschen in vielen Punkten nicht unähnlich. Rufe selbst vereinigte in sich gleich zwei dieser Eigenschaften, denn er war sowohl Jäger als auch Amateurdetektiv. Er war es, der Russel und Dollar, die Räuber der Lake-Port-Postkutsche, verfolgte und sie am Morgen nach der Tat festnahm, während sie noch in einem Heufeld schliefen. Russel, ein betrunkener schottischer Zimmermann, war sogar ein Bekannter aus seiner Stadt, und er drückte viel ernstes Mitgefühl für dessen Schicksal aus. Bei allem, was er sagte und tat, war Rufe ernst. Ich habe ihn nie überstürzt handeln gesehen. Wenn er sprach, nahm er seine Pfeife mit förmlicher Bedächtigkeit aus dem Mund, schaute nach Osten und Westen und verkündete dann in leisen Tönen und wenigen Worten seine Ansicht oder erzählte seine Geschichte. Sein Gang war entsprechend; es hätte niemanden überrascht, wenn er sich auf dem Fuß umgedreht hätte und wieder weggegangen wäre, so behutsam und bedächtig und mit so viel scheinbarer Bedenklichkeit lief er herum. Er lag des Morgens lange im Bett – tatsäch-

44 Englischer Landarbeiter.
45 Arme Weiße.
46 Heruntergekommene.

lich stand er selten vor Mittag auf; er liebte alle Spiele, vom Poker bis zum klerikalen Krocket; und auf dem Toll-House-Krocket-Platz habe ich gesehen, wie er mit der Hingabe eines Hilfspfarrers schuftete. Er interessierte sich für Bildung, war aktives Mitglied des örtlichen Schulausschusses, und als ich dort war, hatte er vor kurzem den Schulhausschlüssel verloren. Sein Wagen war kaputt, aber es schien ihm nie einzufallen, ihn zu reparieren. Wie alle wirklich untätigen Menschen hatte er ein künstlerisches Auge. Er wählte die bedruckten Stoffe für die Kleider seiner Frau aus und beriet sie bei der Herstellung eines Patchwork-Quilts, immer, wie sie dachte, falsch, aber mit einem gebildeten Auge, immer mit bizarrem und bewundernswertem Geschmack – dem Geschmack eines Indianers. Bei all dem war er ein perfekter, harmloser Gentleman in Wort und Tat. Nehmt ihm seine Tonpfeife fort und er ist fit für jede Gesellschaft außer der der Toren. Ruhig wie er war, brannte eine tiefe, permanente Begeisterung in seinen dunkelblauen Augen; und wenn dieser ernsthafte Mann lächelte, war es wie Sonnenschein an einem schattigen Ort.

Mrs. Hanson (geborene Lovelands, wenn ich bitten darf) war alltäglicher als ihr Gebieter. Sie war eine nette Frau, plump, hellfarbig, mit wunderbaren weißen Zähnen; und in ihren Printkleidern (von Rufe ausgewählt) und mit einer großen Sonnenhaube, die ihren geschätzten Teint beschattete, machte sie, ich versichere es Ihnen, eine sehr ansprechende Figur. Aber was an ihr war, war oberflächlich, unverblümt gesagt. Ihr lautes Lachen hatte nichts vom Charme eines von Hansons seltenen, sich langsam entwickelnden Lächelns; es gab keine Verschwiegenheit, kein Geheimnis, keine Lebensart an dieser Frau: sie war ein erstklassiges Milchmädchen, aber ihr Mann war eine unbekannte Größe zwischen einem Wilden und dem Edelmann. Sie ging oft ein und aus bei uns, fröhlich und wohlbehalten und anständig; er kam viel seltener, nur, wenn es ein Geschäft gab, oder hin und wieder, wenn es etwas zu feiern gab, zu diesem Anlaß herausgeputzt, mit seiner Frau am Arm, und einer sauberen Tonpfeife zwischen den Zähnen. Diese Besuche in unserem Waldstaat hatten den Charakter eines besonderen Ereignisses und verwandelten unsere rote Schlucht in einen Salon.

So war das Paar, das im alten Silverado Hotel herrschte, zwischen den windgeschüttelten Bäumen auf der Bergflanke mit Blick auf die gesamte Länge des Napa Valley, so wie der Mann von hoch oben auf das Deck des Schiffes herabblickt. Dort hielten sie Hof, mit allerlei Pferden und Vögeln und einer Familie von Söhnen, darunter Daniel Webster und George Washington, wie ich meine. Sie wollten auch keine Besucher. Ein alter Gentleman von einzigartiger Behäbigkeit, der sich Breedlove nannte – ich glaube, er hatte die Plains in der gleichen Karawane mit Rufe durchquert – lebte während unseres Aufenthalts für eine Weile bei ihnen, und darüber hinaus hatten sie in Mrs. Hansons Bruder, Irvine Lovelands, einen ständigen Mieter. Ich buchstabiere Irvine nach Gefühl, denn ich konnte keine Informationen zu diesem Thema bekommen, so wie ich trotz vieler Anfragen nie herausfinden konnte, ob Rufe eine Verkürzung von Rufus war oder nicht. Sie waren in dieser Generation alle fröhlich ratlos über ihre Namen. Und das ist sicherlich umso bemerkenswerter, als alle Namen so eigenartig waren und sogar die Familiennamen selbsterfunden zu sein schienen. Jedenfalls müssen sich einst die Vorfahren all dieser Alvins und Alvas, Loveinas, Lovelands und Breedloves ernsthaft beraten und eine gewisse Poesie in diesen Benennungen gefunden haben; das muß folglich ihre Form der Literatur gewesen sein. Aber nach wie vor ändern sich die Zeiten; und ihre nächsten Nachkommen, die George Washingtons und Daniel Websters, werden sich zumindest hierüber im klaren sein. Und wie auch immer, und wie auch immer sein Name buchstabiert werden sollte, dieser Irvine Lovelands war der reinrassigste Caliban[47], den ich je gekannt habe.

Unser allererster Morgen in Silverado, als wir alle Hände voll zu tun hatten, Türen und Fenster reparierten, Betten und Sitze herstellten und unsere ungehobelte Unterkunft in Form zu bekommen, traten Irvine und seine Schwester zusammen auf, sie aus Gründen der guten Nachbarschaft und allgemeiner Neugier; er, weil er für mich arbeitete, zu meinem Kummer, um Brennholz zu machen – für, ich weiß nicht mehr wieviel pro Tag. Die Art und Weise, wie er Holz fällen ging, war charakteristisch. Wir waren in diesem Moment gerade dabei, die Küche auszubessern und einige Sachen auszupacken. Zur einen Seite ließ er sich nieder, seine Schwester zur anderen. Beide kauten Kiefernharz, und zu meinem Ärger begleitete er dieses schlichte Vergnügen mit reichlichem Ausspucken. Sie schnatterte in einem fort, redete bergauf und bergab, lachte, schüttelte den Kopf und zeigte ihre strahlenden Zähne. Er schaute schweigend zu, spuckte dann stark auf den Boden, legte nun den Kopf zurück und stieß ein lautes, mißtönendes, freudloses Lachen aus. Er hatte einen wirren Haarschopf, von der Farbe der Wolle; sein Mund war ein einziges Grinsen; und obwohl er so stark wie ein Pferd war, sah er weder massig noch geschickt aus, nur langbeinig und verspielt und immer auf der Straße. Aber es war klar, daß er bester Laune war und seinen Besuch ausgiebig genoß; und er lachte offen, wenn wir irgendeine Sache nicht richtig anpackten. Das war schwerlich hilfreich: es war sogar, für uns Amateur-Schreiner, hinderlich; aber das ging so fort, bis wir die Arbeit liegenließen und begannen, das Abendessen zu machen. Dabei erinnerte sich Frau Hanson, daß sie vor einer Stunde hätte gehen müssen; und das Paar zog sich zurück, und das Lachen

47 Caliban: ein Mischwesen aus Mensch und Tier nach „The Tempest“ von Shakespeare.

der Dame verstarb unter den Muskatnüssen entlang des Weges. Das war Irvines erster Arbeitstag als mein Angestellter – der Teufel hole ihn!

Am nächsten Morgen kehrte er zurück, und da er diesmal allein war, widmete er uns sein Gespräch mit großer Freizügigkeit. Er bildete sich viel auf seine Klugheit ein und fragte uns, ob wir die School Ma'am kannten. *Er* dachte ohnehin nicht viel von ihr. Er hatte sie getestet, hatte er, jawohl. Er hatte ihr eine Frage gestellt. Wenn man von einem einhundert hundert Fuß hohen Baum jeden Tag unten eine ein Fuß große Scheibe abschneidet, wie lange würde es dann dauern, bis er ganz weg wäre? Sie war nicht in der Lage gewesen, das Problem zu lösen. „Sie weiß gar nichts“, meinte er. Er erzählte uns, wie ein Freund von ihm mit einem Revolver nachsitzen mußte, und kicherte mächtig darüber; sein Freund könnte der Schule noch was beibringen, könnte er. Die ganze Zeit kaute er Kaugummi und spuckte herum. Er stand eine Weile da und schaute nach unten; und dann warf er seinen Haarschopf zurück, lachte heiser, spuckte aus und ging ein neues Thema an. Ein Mann, erzählte er uns, der einen Groll gegen ihn hegte, hatte seinen Hund vergiftet. „Das war eine gemeine Sache für einen Mann, das zu tun, nicht wahr? Das macht ein Mann nich', das, auf gar keinen Fall. Aber ich hab's ihm heimgezahlt: Ich hab' *seinen* Hund vergiftet.“ Seine ungelenke Aussprache, seine peinlich verlegene Art illustrierte die Blödheit seiner Äußerungen. Ich glaube nicht, daß ich jemals die Bedeutung von zwei Wörtern gewürdigt habe, bis ich Irvine kannte – das Verb, „loaf“[48], und das Substantiv „oaf“[49]; zusammengenommen liefern sie sein vollständiges Porträt. Er konnte herumlungern und sich herumdrücken, sich an der Wand reiben und grinsen und stand jedermann mehr im

48 loaf: herumlungern.
49 oaf: Tölpel.

Wege, als irgend zwei andere Menschen, auf die ich jemals meine Augen gerichtet habe. Nichts, was er tat, schickte sich für ihn; und dennoch war man sich bewußt, daß er der eigenen Rasse angehörte, daß sein Geist schwerfällig arbeitete, das Problem des Seins wie einen Priem Kaugummi drehte und in seiner eigenen trüben Art das Leben genoß und über seine Mitmenschen urteilte. Vor allem aber war er von sich selbst begeistert. Man hätte es bei seinen unsicheren Umgangsformen und seiner ärmlichen, bemühten Aussprache nicht gedacht; aber er liebte sich bis ins Mark und war glücklich und stolz wie ein Pfau auf einer Stange.

Sein Selbstwertgefühl war in der Tat die einzige Naht in seinem Gürtel. Durch Schmeicheleien konnte er zur Arbeit gebracht und sogar bei der Arbeit gehalten werden. Solange meine Frau bei ihm stand und ausrief, wie stark er doch sei, so lange hielt er sich genau an die Sache; und in dem Moment, wenn sie ihm den Rücken kehrte oder aufhörte, ihn zu loben, hörte er auch auf. Seine körperliche Stärke war wunderbar; und eine Frau dastehen zu lassen und seine Leistungen zu bewundern, wärmte sein Herz wie Sonnenschein. Doch er war ebenso feige wie stark und fühlte keine Schande, diese Schwäche zu besitzen. Von der verrückten Plattform über dem Schacht wurde einmal etwas gebraucht, und er weigerte sich sofort, sich dorthin zu wagen – „mag nich'“, wie er sagte, „an solchen Orten is''s zu blöd“, ließ meine Frau anstelle seiner gehen und schaute mit einem Grinsen zu. Eitelkeit, wo sie regiert, ist in der Regel heroischer: aber Irvine dispensierte sich stets selbst und erwartete, daß andere ihn dispensierten; vielmehr blickte sie auf meine Frau herab und erwartete entschieden, daß sie ob der Stärke seiner überlegenen Besonnenheit zu ihm aufblickte.

Aber der seltsamste Teil an der ganzen Sache war vielleicht, daß Irvine so schön war wie eine Statue. Seine Züge an sich waren perfekt; es war nur sein trüber, ungehobelter und grober Ausdruck, der sie entstellte. So viel Kraft in einem so schlanken Körperbau war der Beweis für die Fehlerfreiheit seiner Form. Er muß in gewisser Hinsicht nach dem Muster von Jack Sheppard[50] gebaut worden sein; aber der berühmte Einbrecher, da können wir sicher sein, war kein Lout[51]. Er überwand sein starkes Gefängnis mit unvollkommenen Hilfsmitteln nicht weniger durch die außergewöhnlichen Kräfte seines Geistes als durch die Kraft seines Körpers. Irvine, im gleichen Fall, hätte sich hingesetzt, ausgespuckt und Flüche gemurmelt. Er hatte die Seele eines dicken Schafes, aber, als Künstlermodell betrachtet, das Äußere eines griechischen Gottes. Es war ein grausamer Gedanke für Personen, die von Geburt her weniger begünstigt waren, daß dieses Geschöpf, das – um die Sprache des Theaters zu verwenden – mit außergewöhnlichen „Mitteln" so unanstellig umging, so daß er häßlich und fast deformiert aussah. Nur durch mühevolle Abstraktion und nach vielen Tagen entdeckte man, was er war.

Indem wir mit der Arroganz des Tölpels spielten und dicht bei ihm standen, bekamen wir einen Pfad um die Ecke der Müllkippe bis zu unserer Tür und konnten annehmbar leicht kommen und gehen; und er genoß sogar die Arbeit, denn da gab es Felsbrocken, die mit viel Kraft entfernt, Büsche, die gerodet werden mußten, und andere Gelegenheiten für sportliche Darbietungen. Aber Holz zu hacken war eine andere Sache. Jeder konnte Holz hacken; und außerdem war meine Frau es leid, ihn zu beaufsichtigen, und hatte sich um andere Dinge zu kümmern. Und kurz gesagt, die Tage vergingen und Irvine kam täglich und redete und redete und spuckte und spuckte; aber das Brennholz blieb

50 Jack Sheppard, 1702–1724, ein junger Londoner Dieb, der sich durch mehrere Ausbrüche aus gut gesicherten Gefängnissen einen Namen machte.

51 Lout: Tölpel.

unangetastet als Schwellen auf der Plattform oder weiterwachsende Bäume auf dem Berghang. Irvine als Holzfäller konnten wir ertragen; aber Irvine als Freund der Familie, etwa für einen Tag, wurde sehr schnell zu einer Zumutung, und schließlich, am Nachmittag des vierten oder fünften Tages unserer Verbindung, erklärte ich ihm, so deutlich wie ich konnte, das Licht, in dem ich gewachsen war, um seine Gegenwart zu schätzen. Ich wies ihn darauf hin, daß ich ihm nicht weiterhin ein Gehalt für das Spucken auf den Boden geben könne; und dieser Ausdruck, der nach vielen anderen kam, drang schließlich in seinen stumpfen Verstand ein. Er stand sofort auf und sagte, wenn es um die Art ginge, wie er spucke, wollte er kündigen. Und als niemand einen Einwurf machte, ging er.

So weit, so gut. Aber wir hatten kein Brennholz. Am nächsten Nachmittag spazierte ich zu Rufe hinab und beriet mich mit ihm über dieses Thema. Es war ein sehr eigenartiges Gespräch in dem großen, kahlen Nordraum des Silverado-Hotels, mit Mrs. Hansons Patchwork auf einem Rahmen, und Rufe, und seiner Frau, und ich, und dem Einfaltspinsel höchstselbst; alle waren mehr oder weniger verlegen. Rufe verkündete, daß es niemanden in der Nachbarschaft gebe, außer Irvine, der einen Tag für irgendjemanden arbeiten könne. Irvine weigerte sich daraufhin, noch irgendetwas mit mir zu tun zu haben; er „würde nicht mehr für einen Mann arbeiten, der zu ihm gesagt hatte, was ich gesagt hatte“. Ich fand mich auf dem Punkt der tiefsten Erniedrigung – gezwungen, das Geschöpf, das ich gerade mit Schimpf entlassen hatte, flehentlich zu bitten: aber ich war so verzweifelt, daß ich großspurig sagte, es sei keine Rede davon, Irvine solle zurückkommen, es sei denn, die Dinge würden anders gehandhabt werden; und daß ich lieber selbst Brennholz für mich hacken als mich betrügen lassen würde; und kurz gesagt, die Hansons waren erpicht darauf, den Burschen angestellt zu sehen, ich imponierte ihnen mit bloßer vorgespiegelter Entschlossenheit, daß sie mich schließlich baten, ihn wieder einzustellen, und feierlich versprachen, er werde fleißiger sein. Das Versprechen, das muß ich sagen, wurde eingehalten. Wir hatten bald einen feinen Haufen Brennholz vor unserer Tür; und wenn der Caliban mir die kalte Schulter zeigte und mich mit seiner Konversation verschonte, nahm ich ihm das nicht übel, noch wurden mir ob dieser Entbehrung die Tage viel länger.

Die führende Persönlichkeit der Familie war, wie ich glauben möchte, Mrs. Hanson. Ihre soziale Scharfsinnigkeit verblüffte die anderen irgendwie, und sie hatte viel Gespür für kleine Stimmungsschwankungen. Sie war es, die Kelmar zum Beispiel entgegentrat; und Kelmar hätte vielleicht, wenn sie allein gewesen wäre, nichts zu sagen gehabt. Rufe hatte zwar eine subtile, vernünftige, offene Geisteshaltung, mit der er die Welt ohne Übertreibung sah -- vielleicht können wir sogar sagen, zu reliatisch; denn ihm fehlte, ebenso wie den anderen, der kommerzielle Idealismus, der einen so hohen Wert auf Zeit und Geld legt. Vernunft selbst ist eine Art Konvention. Vielleicht lag Rufe falsch; aber wenn man das Leben geradeheraus betrachtete, konnte er nicht erkennen, daß Krocket oder Poker in irgendeiner Weise weniger wichtig wären, als etwa seinen Wagen auszubessern. Selbst sein eigener Beruf, die Jagd, lag ihm vor allem als eine Art Spiel am Herzen; das er vernachlässigen würde, wenn es nicht seine Phantasie angesprochen hätte. Sein Jagdanzug zum Beispiel hatte ihn gekostet – ich wage nicht zu sagen, wie viele Dollar –: er war komplett mit Fransen besetzt, nach indianischer Mode, und das lag ihm sehr am Herzen. Die malerische Seite seines Tagesgeschäfts wurde nie vergessen. Er war sogar darauf bedacht, für sein Foto in diesem hirschledernen Jagdanzug zu posieren; und ich erinnere mich, wie er einmal begeistert – seine dunkelblauen Augen wurden wahrnehmbar größer – das Arrangement plante, in dem er auftreten wollte, „mit den Hörnern einiger richtig großen Böcke, und mit Hunden, und mit einem Lager an einem Crick“[52]. Von dieser Waldpoesie fehlte in Irvine jede Spur. Er kümmerte sich weder um die Jagd noch um hirschlederne Anzüge. Er hatte nie Landschaftsbilder bewundert. Die Welt, wie es ihm erschien, wurde fast von seiner eigenen großen grinsenden Figur im Vordergrund ausradiert: Caliban Malvolio. Und es scheint mir, als ob wir in den Personen dieser beiden Schwäger die beiden Seiten eines ländlichen Charakters einigermaßen gut vertreten hatten: den Jäger, der wirklich in der Natur lebte; den Bauerntölpel, der nur außerhalb der Gesellschaft lebt: den, der sich nach oben krümmt und immer mit körperlicher Anstrengung bis an die Grenze seiner Leistungsfähigkeit seine Arbeit verrichtet und wenigstens eine Sache eifrig und nachdenklich tut und allem, was ihn berührt, aufgeschlossen gegenübertritt; der andere im trägen und animalischem Zustand, in einem undeutlichen Traum zu wandeln und einen so düsteren Eindruck von den unzähligen Seiten des Lebens zu machen, daß er sich wirklich nichts anderem als seiner selbst bewußt ist. Nur in den Festungen der Natur, Wäldern, Bergen und hinter dem Rücken des Menschen in Übersee kann ein mit fünf Sinnen ausgestattetes Geschöpf zur Vollkommenheit dieser strohdummen und grobsinnigen Selbstgefälligkeit heranwachsen. In Städten oder in den belebteren ländlichen Gegenden wird er grob an die Existenz anderer Männer erinnert; und wenn er nicht mehr lernt, lernt er wenigstens, Verachtung zu fürchten. Aber Irvine war unversehrt durch das Leben gekommen, nur sich seiner selbst, seiner großen Kraft und Klugheit bewußt; und in der Stille des Universums, der er nicht lauschte, hauste er mit Freude am Klang seiner eigenen Gedanken.

52 Crick: Bach.

Die See-Nebel

Meist weckte mich am Morgen eine Änderung der Farbe des Lichts. Zu einer gewissen Stunde blitzten mir die langen, senkrechten Risse in unserem westlichen Giebel, wo die Bretter geschrumpft und abgetrennt waren, unvermittelt als Streifen von blendendem Blau in die Augen, und wurden augenblicks so dunkel und herrlich, dass ich mich stets wunderte, wie das zueinanderpassen konnte. Zu einer früheren Stunde waren die Himmel in dieser Gegend noch friedlich gefärbt, aber die Flanke des Berges, die mit der Schlucht abschließt, leuchtete bereits durch das Sonnenlicht in einer wunderbaren Verbindung aus Gold und Rosa und Grün; und auch das wurde, wenn auch milder und mit Regenbogenfarben, durch die Risse unseres närrischen Giebels geworfen. Wenn ich fest schlief, war es das kühne Blau, das mich weckte; wenn leichter, dann kam ich in diesem früheren und feenhafteren Licht zu mir.

An einem Sonntagmorgen, etwa um fünf, weckte mich die erste Helligkeit. Ich stand auf und wandte mich gen Osten, nicht wegen meiner Andachten, sondern wegen der Luft. Die Nacht war sehr ruhig gewesen. Der kleine private Sturm, der jeden Abend für zehn Minuten oder vielleicht eine Viertelstunde in unsere Schlucht blies, hatte sich schnell selbst ausgeblasen; in den Stunden, die folgten, hatte kein Windseufzer die Baumkronen geschüttelt; und unsere Baracke war, trotz all ihrer Risse, an diesem Morgen weniger frisch als gewöhnlich. Aber ich hatte kaum das Fenster erreicht, als ich alles andere durch den Anblick vergaß, der sich meinen Augen bot, und mit nur zwei

Sprüngen war ich in meinen Kleidern und die verrückte Planke hinunter zur Plattform.

Die Sonne war noch unter den gegenüberliegenden Hügeln verborgen, obwohl sie schon auf unseren eigenen Berghang schien, keine zwanzig Fuß über meinem Kopf. Aber die Szenerie war, abgesehen von einigen näheren Gegenden, völlig verändert. Das Napa Valley war weg; fort waren alle unteren Hänge und bewaldeten Ausläufer der Landschaft; und an ihrer Stelle, keine tausend Fuß unter mir, rollte ein großer, flacher Ozean. Es war, als wäre ich in der Nacht zuvor in einem sicheren Winkel in den Bergen eines Binnenlandes ins Bett gegangen und in einer Bucht an der Küste aufgewacht. Ich hatte diese Überflutungen bereits von unten gesehen; in Calistoga war ich am frühen Morgen aufgestanden und umhergegangen, hustete und nieste unter Klaftern grauer Seeschwaden, wie in einem wolkenbedeckten Himmel – ein trüber Anblick für den Künstler und eine schmerzhafte Erfahrung für den Invaliden. Aber sich in der reinen Luft und unter der ungetrübten Kuppel des Himmels hinzusetzen und so auf das abgetauchte Tal herabzuschauen, war seltsam anders und sogar ein herrlicher Anblick. Weit weg gab es Hügel wie kleine Inseln. Näher ergoß sich eine rauchige Brandung über den Fuß der Steilhänge und quoll in alle Buchten dieser rauhen Berge. Die Farbe dieses Nebelmeeres war etwas, was man nie vergessen konnte. Für einen Augenblick, bei den Hebriden und gerade bei Sonnenuntergang, habe ich so etwas auf dem Meer selbst gesehen. Aber das Weiß war nicht so opalen; noch gab es, was überraschenderweise die Wirkung verstärkte, diese atemlose, kristallklare Stille über allem. Selbst in seinen sanftesten Stimmungen arbeitet das Salzmeer, stöhnt zwischen dem Tang oder lispelt auf dem Sand; aber dieses unüberschaubare Nebelmeer lag da in einer Trance der Stille, und kein Geräusch ließ die süße Luft des Morgens erzittern.

Als ich länger auf der Abraumhalde saß, begann ich zu beobachten, daß dieses Meer nicht so eben war, wie es auf den ersten Blick geschienen hatte. In der Ferne, im äußersten Süden erhob sich ein kleiner Nebelhügel gen Himmel über die durchgehende Fläche, und da ihn bereits die Sonne erhascht hatte, leuchtete er am Horizont wie die Toppsegel eines riesigen Schiffes. Es gab große Wellen, die, wie es schien, feststanden, wie Wellen in einem gefrorenen Meer; und dennoch, als ich noch einmal hinsah, war ich mir nicht sicher, sie bewegten sich wohl doch, langsam und majestätisch. Und während ich noch zweifelte, wurde ein Vorgebirge, etwa vier oder fünf Meilen entfernt, auffällig durch ein Bouquet hoher Kiefern, in einem einzigen Augenblick überholt und verschlungen. Es tauchte mit seinen Kiefern ein wenig später wieder auf, aber dieses Mal als ein Inselchen, doch nur, um noch einmal und dann für immer verschluckt zu werden. Das ließ mich in die Nähe schauen, und ich sah, daß sich in jeder Bucht entlang der Berglinie der Nebel höher und höher aufbauschte, wie durch einen Wind, der für mich unhörbar war. Ich konnte seinen Fortschritt verfolgen, eine Kiefer wurde zuerst blaß, und dann verschwand sie, und nach ihr eine nach der anderen; obwohl es manchmal keinen vorausgehenden Dunst gab, aber der ganze milchige weiße Ozean gab sich einen Ruck und schluckte ein Stück Berg auf einen Zug. Um diesen giftigen Nebeln zu entfliehen, hatte ich die Küste verlassen und war so hoch in die Berge geklettert. Und nun, siehe da, hier kam der Nebel, um mich in meiner auserwählten Höhe zu belagern, und doch kam er in solcher Schönheit, daß mein erster Gedanke war, ihn willkommen zu heißen.

Die Sonne war inzwischen viel höher gestiegen und warf durch alle Einkerbungen der Berge lange goldene Strahlen über diesen weißen Ozean. Ein Adler, oder ein anderer sehr großer Vogel des Gebirges, kam kreisend über die näheren Kiefernspitzen und schwebte, ausbalanciert und irgendwie seitlich, als schaute er weit umher auf diese ungewohnte Einöde und spähte, vielleicht voll Sorge, nach den Horsten anderer Adler. Dann verschwand er mit einem langen Schrei wieder in Richtung Lake County und in die klarere Luft. Endlich schien es mir, als ob die Überflutung nachlassen wollte. Die alten Wahrzeichen, durch deren Verschwinden ich seinen Vormarsch gemessen hatte, hier ein Felsen, dort eine tapfere Kiefer, begannen nun, in umgekehrter Reihenfolge, wieder im Tageslicht aufzutauchen. Ich schloß, daß die Gefahren des Nebels vorüber wären. Das war nicht Noahs Flut; es war nur eine morgendliche Springflut, und sie würde jetzt auf See herausdriften, woher sie gekommen war. Also ging ich, mächtig erleichtert und sehr beschwingt durch den Anblick, ins Haus, um das Feuer anzuzünden.

Ich nehme an, es war fast sieben, als ich noch einmal die Plattform bestieg, um in die Ferne zu schauen. Das Nebelmeer war seit dem letzten Mal enorm angeschwollen; und ein paar hundert Fuß unter mir, in der Kluft, wo das Toll House stand und die Straße hindurch nach Lake County führte, hatte es bereits die Böschung überstiegen und strömte hinüber und auf der anderen Seite wieder herab wie treibender Rauch. Der Wind war ebenfalls stärker geworden; und obwohl ich noch in ruhiger Luft stand, konnte ich sehen, wie die Bäume unter mir gebeutelt wurden, und ihr lautstarkes Seufzen stieg bis zu mir empor, wo ich stand.

Eine halbe Stunde später hatte der Nebel den ganzen Höhenrücken auf der gegenüberliegenden Seite der Kluft überstiegen, während eine Schulter des Berges ihm noch den Zugang zu unserer Schlucht verwehrt hatte. Das Napa Valley und seine es begrenzenden Hügel waren nun völlig ausgelöscht. Der Nebel, sonnig weiß in der Sonne, strömte in einem riesigen, zottigen Katarakt nach Lake County hinein, der Baumkronen schüttelte und im Dunst verschwinden ließ. Mit der Luft kam ein wenig Kälte und brachte mich zum Husten. Der Nebel roch stark nach Waschhaus, aber mit einem beißenden Beigeschmack von Meersalz.

Wären da nicht zwei Dinge gewesen – der schützende Bergsporn, der wie ein Deich funktionierte, und das große Tal auf der anderen Seite, das schnell verschlang, was auch immer heranzog – unsere eigene kleine Plattform in der Schlucht wäre schon hundert Fuß von salziger und giftiger Luft begraben gewesen. So allerdings wurde unser Interesse von dem Anblick der Szenerie voll und ganz in Anspruch genommen. Wir waren gerade aus dem Wind heraus, und nur knapp über dem Nebel; wir konnten der Stimme des einen wie der Musik auf einer Bühne lauschen; wir konnten unsere Augen in den anderen tauchen, wie in einen Strom, der über das Geländer einer Brücke hinweg floß; so sahen wir eine seltsame, ungestüme, stille, sich verändernde Ausstellung der Kräfte der Natur und nahmen wahr, wie sich die vertraute Landschaft von Moment zu Moment wie die Bilder in einem Traum veränderte.

Die Phantasie liebt es, mit dem, was nicht ist, ihr Spiel zu treiben. Wäre dies tatsächlich eine Überschwemmung gewesen, hätte ich es mich stärker berührt, aber die Emotionen wären ähnlich gewesen. Ich spielte mit der Idee, wie ein Kind mit entzücktem Erschrecken vor den Schöpfungen seiner eigenen Phantasie flieht. Der Blick auf die Sache hat mir geholfen. Und als ich endlich anfing, den Berg hinaufzufliehen, war es in der Tat teilweise, um der rauhen Luft zu entfliehen, die mich zum Husten reizte, aber es war auch Teil eines Spiels.

Als ich die Bergflanke bestieg, konnte ich noch einmal die Oberfläche des Nebels überschauen; aber sie hatte ein anderes Aussehen als das, was ich bei Tagesanbruch erblickt hatte. Denn zum einen schien die Sonne von oben auf den Nebel, und seine

Oberfläche erstrahlte und zeigte Wellen wie ein großes Nordland-Moor, das mit unbetretenem Morgenschnee bedeckt ist. Und zum anderen mußte der Nebel jetzt tausend oder fünfzehnhundert Fuß höher liegen als anfangs, so daß nur noch fünf oder sechs Punkte des ganzen Landes unter mir herausragten. Napa Valley war jetzt vereint mit Sonoma im Westen. Diesseits war nur ein dünner, verstreuter Kamm von Felsen nicht untergetaucht; und durch all die dadurch entstandenen Lücken strömte der Nebel wie ein Ozean in das blau-klare, sonnige Land im Osten. Dort war er bald verschwunden; denn er fiel sofort in den Boden der Täler und folgte dem fließenden Wasser; und die Hügel dort hoben sich noch klar vom östlichen Himmel ab.

Durch die Schlucht beim Toll House und über die nahen Grate auf der anderen Seite war die Flut gewaltig. Ein Sprühnebel aus dünnen Schwaden stob hoch darüber hinaus, stürzte auf und ab und wurde in fantastische Formen geblasen. Seine Geschwindigkeit war die eines Sturzbaches. Hier und da kamen ein paar Baumkronen frei und wurden sofort wieder überrollt; und für eine Sekunde winkte der Ast einer toten Kiefer aus dem Sprühnebel wie der Arm eines Ertrinkenden. Aber dennoch war die Vorstellungskraft unbefriedigt, immer noch erwartete das Ohr etwas Stärkeres. Wäre dies tatsächlich Wasser gewesen (wie es dem Auge schien), mit welchem widerhallenden Donner wäre es hinabgestürzt und hätte es sich auf seinem Lauf entlanggewälzt, hätte Berge ausgewaschen und Kiefern entwurzelt! Und doch war es tatsächlich Wasser, echtes Meerwasser aus den Wellen des Pazifiks, nur etwas verdünnt, und es strömte mitten durch die Luft zwischen den Bergspitzen einher.

Ich kletterte noch höher, über den roten, klappernden Kies und durch das kleinwüchsige Unterholz des Mount Saint Helena, bis ich direkt auf Silverado hinunterschauen und die begünstigte Ecke bewundern konnte, in der es lag. Die sonnenbeschienene Nebelebene war mehrere hundert Fuß höher; hinter dem schützenden Bergsporn staute sich eine gigantische Ansammlung von flauschigem Dampf, die mit jeder Sekunde drohte, über unser Gehöft zu stürzen und es zu versenken; aber der Wirbel, der ihn am Toll House vorbeileitete, war zu stark; und dort lag unsere kleine Plattform, in den Armen der Flut, genoß aber immer noch seinen lückenlosen Sonnenschein. Gegen elf etwa jedoch flog dünner Sprühnebel darüber, und ich begann zu denken, der Nebel hätte doch noch seinen Jona erwischt. Aber es war nur der letzte Versuch. Der Wind drehte, während wir beim Abendessen waren, und blies böig vom Berggipfel her; und um halb eins wurde die ganze Welt der Seenebel völlig besiegt und flog hier und da in kleinen Wolkenfetzen nach Süden. Und statt an einem einsamen Meeresstrand befanden wir uns wieder an einem hohen Berghang, mit dem wolkenlosen grünen Land weit unter uns und dem leichten Rauch von Calistoga, der in der Luft trieb.

Das war *The Great Russian Campaign*[53] für diese Saison. Hin und wieder, am frühen Morgen, war weit unten im Napa Valley ein kleiner weißer Nebelsee zu sehen; aber die Höhen wurden nicht wieder bestürmt, noch wurde die umgebende Welt wieder von Silverado abgeriegelt.

53 The Great Russian Campaign: Der große russische Feldzug. Stevenson bezieht sich hier auf den Feldzug Napoleons gegen Russland von 1812.

Das Toll House[54]

Das Toll House, allein am Wegesrand unter wippenden Kiefern, mit seinem Bach und dem Wassertank; seinen Hinterwäldlern, der Mautschranke und dem glattgetrampelten Krokettengrund; dem Stallburschen, der an der stabilen Tür steht und einen Strohhalm kaut; einem Blick auf den chinesischen Koch in den hinteren Räumen; und mit Mr. Hoddy an der Bar, hellwach und dienstbereit, und ebenso darauf bedacht, Bücher zu leihen oder auszuleihen; – dösten den ganzen Tag in der staubigen Sonne, mehr als halb schlafend. Es gab keine Nachbarn, außer den Hansons, den Hügel hinauf. Der Verkehr auf der Straße ging gegen Null; nur, in seltenen Abständen, quält sich ein Paar in einem Wagen, oder ein staubiger Bauer auf einem *Springboard*,[55] über „The Grade" zu diesem weltstädtischen Nest Calistoga; und zu den festen Zeiten gibt es die Durchfahrt der Postkutsche.

Das nächstliegende Gebäude war das Schulhaus, die Straße hinunter; die School-Ma'am[56] wohnte im Toll House, ging von dort am Morgen zu der kleinen braunen Hütte, wo sie die Kinder des Distriktes unterrichtete, und kehrte von dort am Nachmittag ziemlich müde zurück. Sie hatte diese abgelegene Stelle, wie ich verstand, ihrer Gesundheit wegen gewählt. Mr. Corwin war schwindsüchtig; und Rufe ebenso; und auch Mr. Jennings, der Ingenieur. Kurz gesagt, der Ort war eine Art kleines Davos: schwindsüchtige Leute, die sich auf einem Hügel zu dauerhaf-

54 Zollhaus.

55 Springboard: leichter, wendiger Wagen auf großen Hartgummirädern, der vor allem zum Einkauf genutzt wurde.

56 Lehrerin.

tem Müßiggang zusammenfinden. Jennings hat vor meinen Augen nie etwas getan, außer hin und wieder zu fischen und üblicherweise in der Bar und auf der Veranda zu sitzen und darauf zu warten, daß etwas passiert. Corwin und Rufe taten so wenig wie möglich; und wenn die School-Ma'am, die arme Lady, den ganzen Morgen über ziemlich hart arbeiten mußte, versank sie, sobald das vorüber war, in die gleiche betäubte Seligkeit wie alle anderen.

Ihre besondere Ecke war der Salon: ein sehr vornehmer Raum, mit Bibeldrucken, einem – vor ein paar Jahren – hochmodischen Kreideporträt von Mrs. Corwin, einem weiteren von ihrem Sohn (Mr. Corwin war nicht vertreten), einem Spiegel, und einer Auswahl von getrockneten Gräsern. Ein großes Buch wurde ehrfürchtig auf den Tisch gelegt – „From Palace to Hovel“[57] war, glaube ich, sein Titel – voll der pikantesten Erlebnisse in England. Der Autor hatte sich frei mit allen Klassen vermischt, der Adel empfing ihn besonders mit offenen Armen; und ich muß sagen, daß der Reisende diesen Empfang schlecht erwidert hatte. Sein Buch war, kurz gesagt, ein Hauptbeispiel der Penny-Messalina-Schule der Literatur[58]; und es entstand daraus, in dieser kühlen Stube, in diesem stillen, am Wegesrand gelegenen Berggasthof, eine vulgäre Atmosphäre aus Gold und Blut und „Jenkins“ und den „Mysterien von London“, und eines widerwärtigen, auf den Kopf gestellten Snobismus', geeignet, den Leser umzuhauen. Die Erwähnung dieses Buches erinnert mich an ein anderes und weitaus pikanteres Bild unseres Insellebens. Die letztgenannten Teile von Rocambole[59] werden in dem Land, das sie feiern, sicherlich zu sparsam konsultiert. Keines

57 „Vom Palast zur Hütte“, Hovel: elende Hütte.
58 bezieht sich auf Groschenroman-Ausgaben von skandalträchtigen Geschichten über Valeria Messalina, einer Frau des römischen Kaisers Claudius.
59 Rocambole: sprichwörtlich gewordener Held einer phantastischen Abenteuergeschichte.

Mannes Erziehung kann als vollständig bezeichnet werden, noch kann er der Welt vorwerfen, sie sei ohne Freuden, bis er „den Reverend Patterson, den Direktor der Evangelischen Gesellschaft“, kennengelernt hat. Die Entwicklung dieses ehrwürdigen Herrn zu verfolgen, der Schauplätze durchläuft, wohin sogar Mr. Duffield zögern würde, einen Bischof zu entsenden, ist, sich neuen Ideen zu stellen. Aber ach! Es gab keinen Patterson im Toll House. Neben „From Palace to Hovel“ war gerade mal ein Sixpenny „Ouida“ [60]zu sehen. Die Literatur war also nicht unrepräsentiert.

Die School-Ma'am hatte Freunde, die ihr Gesellschaft leisteten, andere School-Ma'ams, die ihre Ferien genossen, ein ganzer Kranz von jungen Mädchen. Sie schienen nie auszugehen, jedenfalls nicht über die Veranda hinaus, sondern saßen in der Nähe der kleinen Stube, redeten leise oder hörten dem Wind in den Bäumen zu. Der Schlaf wohnte im Toll House, wie ein Stammgast: Sommerschlaf, seicht, weich und traumlos. Eine Kuckucksuhr, eine große Rarität an einem solchen Ort, jaulte in Abständen durch das widerhallende Haus; und Mr. Jenning in der Bar öffnete seine Augen für einen Moment und wendete das Blatt einer Zeitung, und den sich erholenden School-Ma'ams in der Stube wurde das Wissen um ihre Untätigkeit in Erinnerung gerufen. Die emsige Mrs. Corwin und ihr emsiger *Chinaman* dürften in der Tat im Allerheiligsten gehört werden, wie sie auf Teig einschlugen oder mit Geschirr klapperten; oder vielleicht hatte Rufe einige der Schläfer für ein Spiel Krocket zusammengetrommelt, und die hohlen Schläge der Holzhämmer klangen weit hinaus in die Wälder: aber mit diesen Ausnahmen herrschten Schlaf und Sonnenschein und Staub, und der Wind in den Kiefern, den ganzen Tag lang.

---

60 Ouida, eigentlich Maria Louise de la Ramée: 1839–1908, englische Schriftstellerin von (unter anderem) Abenteuerromanen.

Kurz vor der Ankunft der Postkutsche erwachte die Festung des Müßigganges. Der Stallbursche warf seinen Strohhalm weg und machte sich an die Vorbereitungen. Mr. Jennings rieb sich die Augen; glücklicher Mr. Jennings. Das, worauf er den ganzen Tag gewartet hatte, geschah endlich! Die Pensionsgäste versammelten sich auf der Veranda, lauschten still und blickten mit beschatteten Augen die Straße hinunter. Und noch gab es kein Zeichen für die Sinne, kein Geräusch, keine Erschütterung der Bergstraße. Die Vögel, denen das Geheimnis des trötenden Kuckucks unbekannt ist, müssen beschlossen haben, diese vorübergehende Betriebsamkeit zu erforschen.

Und dann stürmte die erste der beiden Postkutschen mit Getöse und in einer Staubwolke auf das Toll House zu; und der Schock hatte noch keine Zeit abzuklingen, bevor die zweite Kutsche eintraf. Eine große Sache war das, mit guten Pferden versehen und hoch beladen, die Männer in Hemdsärmeln, die Frauen in Schleier gehüllt, die lange Peitsche knallte wie eine Pistole. Und als sie auf diese schlummernde Herberge einstürmten, jede Kutsche ein ganzer Staubsturm, blühte der tote Ort zum Leben auf und alles redete und plapperte. Das Toll House? Ein städtisches Menschengewühl, sich aneinanderdrängende Schultern, ein anhaltendes Gedränge an der Bar! Man faßt es nicht! Das innige Gewimmel dieser Stunde ist kaum zu glauben; die Aufregung des großen Schwalls von Briefen aus der Posttasche, die kindliche Hoffnung und die Neugier, mit der man all diesen Fremden in die Augen blickte. Sie hielten dort inne, aber nur, um wieder weiterzureisen: der blau gekleidete China-Boy, der Magnat aus San Francisco, der Geheimnisvolle im Staubmantel, die geheimen Lebenserinnerungen in Tweed, die liebschauende, gutbeschuhte Dame mit ihrer Mädchentruppe; da waren sie, aber sie erschienen und gingen wieder; sie erschienen für uns wie Schiffe knapp über dem Horizont des Lebens, und wir begrüßten ihre Toppsegel und standen Spalier. Trotz unserer großen, vierundzwanzigstündigen Einsamkeit am Berg begeisterten sie uns mit ihrer momentanen Gegenwart; wir schätzten sie ab und erahnten ihre Schicksale; liebten und haßten sie, während wir uns gedankenlos diesem Sturm der menschlichen Elektrizität aussetzten. Ja, wie der Piccadilly-Zirkus ist auch dies hier einer der Kreuzungsorte des Lebens. Hier erblickte ich einen Mann, der bereits berühmt oder berüchtigt ist, eine Zielscheibe für Pistolenschüsse, und einen anderen, der, wenn er auch noch nicht bekannt ist, so doch eine Spalte in der Sonntagszeitung füllen wird, wenn er zum Galgen geht – ein stattlicher, dicker, mächtiger chinesischer Desperado, sechs lange Borsten auf jeder Oberlippe; er riecht nach Whiskey, Kartenspiel und Pistolen; er prahlt in der Bar mit der schlimmsten Überheblichkeit der schlimmsten europäischen Manieren; mit seiner kantigen orientalischen Stimme gibt er schmutzige englische Verwünschungen von sich; und vereint in seiner Person die Verdorbenheit von zwei Rassen und zwei Zivilisationen. Bei aller Begierde und Kraft schien er mich gleichgültig aus dem Schattental des Galgens heraus zu betrachten. Er sprach von eitlen Plänen; und während er seinen Cocktail trank, stand Holbeins Tod an seinem Ellenbogen. Ein andermal kam ich ins Gespräch mit einem anderen dieser wandernden Fremden – wie alle in Hemdsärmeln und ganz mit Staub beschmutzt – und in der nächsten Minute diskutierten wir über Paris und London, Theater und Weine. Für ihn war es eine Kleinigkeit, von einem menschlichen Ort zum anderen zu reisen; aber doch nicht für mich! Nein, Mr. Lillie, ich habe es nicht vergessen.

Und jetzt war die Überflutung der Stadt auf ihrem Höhepunkt und begann abzuebben. Der Piccadilly Circus lebt, sagen wir, von neun bis eins, und dann, dort auch, verebbt es zu den unbedeutenden Stunden des widerhallenden Schrittes des Polizisten, den Lampen und Sternen. Aber das Toll House ist weit stromaufwärts und in der Nähe seiner ländlichen Quellen; wenn auch das Anschwellen der Flut es berührt. Bevor man bei dem Spaß noch richtig zugegriffen hatte, wurden die Pferde angeschirrt, die lauten Peitschen knallten, und die Flut war fort. Nach Nord und Süd waren die beiden Kutschen verschwunden, der hoch aufgewirbelte Staub versank im Wald; aber es dauerte noch eine Weile, bevor die erröteten Wangen verblaßten, bevor das Ohr wieder behaglich die Stille genoß und die sieben Schläfer des Toll House sich wieder in ihre gewohnten Ecken zurückgezogen hatten. Noch ein wenig, und der Stallbursche würde die große Schranke über die Straße schwenken; und am goldenen Abend beginnt dieser verträumte Gasthof, seine Lampen anzuzünden und den Tisch zum Abendessen zu decken.

Wenn ich mich an den Ort erinnere – das grüne Tal unten; die sich auftürmenden Kiefern; die sonnenwarme, duftende Luft; dieses graue, giebelige Wirtshaus mit seinen leisen Anzeichen von Leben inmitten des Schlafes der Berge – erwacht in mir allmählich ein Gefühl der Bewunderung, Dankbarkeit und beinahe Liebe. Ein schöner Ort, alles in allem, um aus einem vertanen Leben hinwegzudösen – die Kuckucksuhr kündet von ihrer fernen Heimat; die Krocket-Schläger erzählen von englischem Rasen; die Postkutschen bringen täglich Nachrichten von – der turbulenten Welt, weit weg da unten; und vielleicht strömt einmal im Sommer ein Salznebel über unsere Köpfe und erzählt seine Geschichte vom Pazifik.

Eine sternenklare Fahrt

In unserer Herrschaft in Silverado kam es zu einem melancholischen Interregnum. Die Königin und der Kronprinz wurden gleichzeitig krank; und als sich bei mir ebenfalls erste Anzeichen einer Erkrankung ankündigten, war unsere einsame Lage auf dem Mount Saint Helena nicht mehr haltbar, und wir mußten eilends nach Calistoga und in ein Häuschen auf dem Grün zurück. Zu diesem Zeitpunkt hatten wir begonnen, die Schwierigkeiten unserer Lage zu erkennen. Wir hatten herausgefunden, was für eine Menge Arbeit es kostete, in unserer roten Schlucht zu überleben; und von ganzem Herzen wünschten wir, einen China-Boy dazu zu bringen, zu uns zu kommen, wenn wir zurückkehrten. Wir hätten ihm ein ganzes Haus für sich geben können, in Einzellage, wie sie es in den Anzeigen formulieren; und in der Geldfrage waren wir bereit, weit zu gehen. Kong Sam Kee, der Calistoga-Wäschereibesitzer, wurde mit der Angelegenheit betraut; und von Tag zu Tag zog es sich hin, begleitet von Protesten unsererseits und wohlklingenden Ausflüchten von Kong Sam Kee.

Endlich, um halb acht unseres letzten Abends, als der Wagen angeschirrt bereitstand, um uns über *The Grade* wieder nach oben zu befördern, produzierte der Wäscherei-Mann mit etwas grinsender Miene den Jungen. Er war ein ansehnlicher, sanftmütiger Bursche, gekleidet in sattes Dunkelblau und mit schneeweißen Schuhen; Aber ach! Er hatte Gerüchte über Silverado gehört. Er hielt es für einen einsamen Ort in den Bergen, ohne ein nettes Waschhaus in der Nähe, wo er mit anderen China-

Boys jeden Abend eine Pfeife Opium rauchen und seine kleinen Einnahmen beim Spiel verlieren könnte; und er zog sich zunächst auf eine höhere Geldforderung zurück; und dann, als diese Forderung erfüllt wurde, lehnte er es rundweg ab zu kommen. Er war mit seinen Waschhäusern verheiratet; er hatte keine Vorliebe für das Landleben; und wir müßten ohne Diener zu unserem Berg gehen. Es muß fast eine halbe Stunde gedauert haben, bis wir zu diesem Ergebnis gelangt waren, mitten auf der Calistoga High Street unter den Sternen stehend, und der China-Boy und Kong Sam Kee sangen ihr Pidgin-Englisch mit den süßesten Stimmen und in den musikalischsten Wendungen.

Wir sollten jedoch nicht allein zurückkehren; denn wir hatten Joe Strong, den Maler, einen gutmütigen Kameraden mit einer Begabung für Omeletts mitgebracht. Ich weiß nicht, in welcher Rolle er am meisten geschätzt wurde – als Koch oder Gesellschafter; er hat sich in beiden hervorragend bewährt.

Die Kong-Sam-Kee-Verhandlungen hatten uns über Gebühr aufgehalten; es muß halb neun gewesen sein, als wir Calistoga verließen, und die Nacht brach völlig herein, bevor wir *The Grade* erreichten. So eine Nacht habe ich noch nie gesehen. Es sah aus, als wolle sie sämtliche Maler, die sich je an Sternenlicht versucht haben, als Stümper dastehen lassen. Der Himmel selbst war von einer rötlichen, mächtigen, namenlosen, changierenden Farbe, dunkel und glänzend wie ein Schlangenrücken. Unzählige Millionen Sterne leuchteten klar und kräftig wie Laternen. Die Milchstraße war hell wie eine mondbeschienene Wolke und schien den halben Himmel auszufüllen. Die größeren Gestirne glänzten alle deutlicher als der Mond im Winter. Ihr Licht strahlte in jeder denkbaren Farbe – rot wie Feuer; blau wie Stahl; grün wie die Fährten des Sonnenuntergangs; und so scharf stand jeder in seinem eigenen Glanz hervor, daß es nicht wie dieses flache, sternenbespannte Gewölbe erschien, das wir so gut von

Bildern kennen; vielmehr war die ganze Mulde des Himmels ein Chaos miteinander wetteifernder Gestirne – ein Wirrwarr der Sterne. Die Hügel und zerklüfteten Baumkronen bildeten einen rötlich dunklen Hintergrund.

Als wir weiter vorrückten, verblaßten zunächst die weniger hellen Lichter und die Milchstraße und verschwanden dann; die unzähligen Heerscharen des Himmels schrumpften zahlreich um mehrere Millionen; diejenigen, die noch glänzten, hatten ihre überragende Helligkeit gedämpft und fielen in ihre gewohnte sehnsuchtsvolle Ferne zurück; und der Himmel verblaßte von seiner ersten verblüffenden Brillanz zu dem Anblick einer gewöhnlichen Nacht. Allmählich vollzog sich diese Veränderung, und doch gab es keine Anzeichen für eine Ursache. Dann wurde ein Weiß wie ein Nebel über die Ausläufer des Berges geworfen. Doch eine Weile darauf, als wir um eine Kurve fuhren, fiel ein großer Schein von silbernem Licht und ein Netz von Waldschatten über die Straße und auf unsere erstaunte Wagenbesatzung; und als wir tief zwischen den Bäumen badeten, erblickten wir einen seltsamen, unförmigen abnehmenden Mond, halb gekippt auf seinen Rücken.

„Where are ye when the moon appears?" so the old poet sang, half-taunting, to the stars, bent upon a courtly purpose.[61]

As the sunlight round the dim earth's midnight tower of shadow pours,
Streaming past the dim, wide portals,
Viewless to the eyes of mortals,

61 „Wo seid ihr, wenn der Mond erscheint?", sang der alte Dichter etwas vorwurfsvoll zu den Sternen.

Till it floods the moon's pale islet or the morning's golden
shores.[62]

So prachtvoll inspiriert singt Mr. Trowbridge. Und so überschwemmte das Sonnenlicht das blasse, kleine Inselchen des Mondes, und ihr brennendes Antlitz löschte nach und nach diese Galaxie der Sterne aus. Das Wunder der Fahrt war vorüber; aber durch ein glückliches Zusammentreffen von Klarheit der Luft und passenden Schatten in dem Tal, durch das wir reisten, hatten wir für eine kleine Weile das prunkhafte Bild des mitternächtlichen Himmels gesehen. Es war verschwunden, aber es war dagewesen; und ich werde die Sterne nicht mehr mit demselben Augen erschauen. Wer sah, wie sich das Meer mit einem großen Hurrikan überzieht, denkt ganz anders daran, als wenn er es nur bei Windstille gesehen hat. Und der Unterschied zwischen einer Windstille und einem Hurrikan ist nicht viel auffälliger als der zwischen dem gewöhnlichen Antlitz der Nacht und der Pracht, die uns auf dieser Fahrt anstrahlte. Zwei in unserem Wagen kannten die Nacht, wie sie in die Tropen leuchtet, aber auch das war kein Vergleich. Die namenlose Farbe des Himmels, die Schattierungen des Sternenfeuers und das unglaubliche Strahlen der Sterne selbst, deren Positionen in der Tiefe des Raumes das Auge scheinbar zu unterscheiden vermochte – das waren Dinge, die wir noch nie zuvor gesehen hatten und nie wieder sehen werden.

In dieser völlig veränderten Nacht verfolgten wir unseren Weg unterdessen weiter zwischen den Düften und der Stille des

62 *Wie das Sonnenlicht rund um den dunklen Mitternachtsturm des Schattens der Erde fließt, / Strömt es an den düsteren, breiten Portalen vorbei, / Unsichtbar den Augen der Sterblichen, / Bis es die blasse Insel des Mondes oder die goldenen Ufer des Morgens überflutet."* (John Townsend Trowbridge (1827–1916): The Old Man Of The Mountains Under The Moon And Stars).

Waldes, erreichten die Spitze von *The Grade*, wurden von den Hansons aufgelesen und hielten schließlich unter dem Wasserspeier der Rutsche. Sam, der hinten gelegen hatte und schnell mit dem Mond im Gesicht eingeschlafen war, stieg mit der Bemerkung herunter, es sei schön, „zu Hause zu sein“. Der Wagen drehte um und fuhr weg, der Lärm erstarb sanft im Wald, und wir kletterten den rauen Weg hinauf, Calibans große Ingenieurskunst, und kamen heim nach Silverado.

Der Mond leuchtete durch die östlichen Türen und Fenster herein und über das Holz der Plattform. Die Seite der hohen Kiefer daneben war in Silber getaucht. Abseits der Schlucht begrüßte uns eine wilde Katze mit drei mißtönenden Schreien. Aber nachdem wir eine Kerze angezündet hatten und begannen, die Ausstattung unseres Hauses zu überprüfen, schlicht in beiden Fällen, und unsere Vorräte zu überprüfen, war es wunderbar zu bemerken, was für ein Gefühl von Besitz und Beständigkeit in den Herzen der Herren von Silverado aufstieg. Ein Bett musste noch für Strong gemacht und das Wasser für den Morgen mit einem glänzenden Eimer geholt werden; und als wir darangingen, unseren Reichtum und unseren Komfort dem Fremden zu zeigen und zu Ehren unserer Rückkehr ein Glas Wein tranken, und einer nach dem andren über die fliegende Planke marschierte und wir uns in unserer angeschlagenen, mondscheindurchlöcherten Baracke schlafenlegten, gehörten wir zu den glücklichsten Herrschern der Welt und herrschten sicherlich über die zufriedensten Menschen. Doch in unserer Abwesenheit war der Palast geplündert worden. Wildkatzen, so sagten die Hansons, wären eingebrochen und hätten eine Seite Speck, ein Beil und zwei Messer weggetragen.

Episoden in der Geschichte einer Mine

Niemand konnte in Silverado leben und nicht neugierig auf die Geschichte der Mine sein. Wir waren von so vielen Beweisen für Kosten und Mühen umgeben, wir lebten so ganz im Wrack dieses großen Unternehmens, wie Milben in den Resten eines Käses, daß die Vorstellung des früheren Lärms und der Geschäftigkeit uns die Ruhe nahm. Unser eigenes Haus, die Schmiede, die Deponie, die Rutschen, die Schienen, die Winde, die Masse der zerstörten Pflanzen; die beiden Stollen, einer weiter unten im grünen Tal, der andere auf der Plattform, wo wir unseren Wein aufbewahrten; der tiefe Schacht, mit dem Sonnenglitzern und den Wassertropfen; vor allem die Felsplatte, diese große klaffende Scheibe, die aus der Bergflanke herausragte und seitlich von Holzstempeln gestützt wurde, auf deren unmittelbarem Rand, hoch über unseren Köpfen eine große Kiefer bedrohlich nickte – sie ließen uns ihre Größe spüren; während die Hundehütte, Stiefelknechte, alte Stiefel, alte Wirtshausrechnungen und eben die Betten, die wir von verflossenen Bergleuten geerbt hatten, menschliche Gefühle einfließen ließen und uns die Geschichte der Vergangenheit erzählten.

Ich saß auf einem alten Bett unter den dicken Madronas in der Nähe der Schmiede, mit einem Blick über die Schutthalde auf die grüne Welt da unten, und sah die Sonne breit auf der Ruine liegen und lauschte der Stille, die lediglich durch das Klingen des Wassers im Schacht unterbrochen wurde oder durch einen Protest der königlichen Familie über den ramponierten Palast, und mein Geist ging zurück in die Epoche der Stanleys und der Chapmans, mit einem großen Tutti von Picke und Bohrer, Hammer und Amboß, das über die Schlucht zurückgeworfen wird; der Metallprüfer gleich neben unserem Speisesaal; die Wagen unten auf der Straße, und ihre Ladungen von rotem Mineral donnern die Eisenrutsche hinunter. Und nun waren alle fort – alles wurde in diese sonnige Stille und Abwesenheit verwandelt: eine Familie von wilden Siedlern, die im Büro des Edelmetallprüfers ißt, ihre Betten im großen einst so überfüllten Schlafraum aufschlägt und ihren Wein im Tunnel lagert, in dem einst die Picken erklangen.

Auch Silverado selbst, obwohl es nun verfallen war, war einst nur wie eine Wucherung und hatte es geschafft, zu anderen Minen und anderen florierenden Städten emporzuschießen. Vor zwanzig Jahren gab es im Tal hinunter auf der Lake County-Seite einen Ort, der Jonestown hieß, mit zweitausend Einwohnern, die in Zelten wohnten, mit einem überdachten Haus für den Verkauf von Whiskey. Um die Westseite des Mount Saint Helena herum, gab es zur gleichen Zeit ein zweites großes Lager, dessen Namen, falls es jemals einen besaß, ich nicht kenne. Beide sind vergangen, und von ihren blieb kein Balken und keine Erinnerung zurück. Flutwelle auf Flutwelle hoffnungsvoller Bergleute ist also über den Berg geflossen und verebbt, kam und ging; zunächst waren es einsame Prospektoren, dann gab es einen Ansturm. Zuletzt kam Silverado, zog die große Mühle im Tal hoch, gründete die Stadt, die heute ausschließlich durch die Hansons repräsentiert wird, bohrte all diese Schächte und Tunnel, ging wiederum ein und verhallte.

> Our noisy years seem moments in the wake
> Of the eternal silence.[63]

---

63 Unsere lauten Jahre scheinen Augenblicke im Gefolge der ewigen Stille zu sein. Aus William Wordsworth' Ode: Intimations of Immortality.

Was den Erfolg von Silverado zu seiner Zeit angeht, gab es zwei Versionen. Nach der ersten wurden sechshunderttausend Dollar aus diesem großen aufrechten Flöz entnommen, der immer noch über uns offen dalag. Dann brach die Ader ab, und auf der Suche nach einer Fortsetzung bohrte man Tunnel in alle Richtungen, was zu entsprechend höheren Kosten führte, bis allen Beteiligten das Geld ausging und sie die Mine und die Stadt verließen. Nach der zweiten Version, die mir unter der Hand erzählt wurde, war die ganze Geschichte, die Mine, die Mühle und die Stadt Teil eines riesigen Schwindels. Es war nie Silber aus irgendeinem Teil der Mine herausgekommen; es gab gar kein Silber. Um Mitternacht wären Karawanen von Packpferden beobachtet worden, die sich auf verschlungenen Pfaden um die Flanke des Berges herumkämpften. Sie kamen von weit her, von Amador oder Placer und waren mit Silber in „alten Zigarrenkisten“ beladen. Sie entluden ihre Last zu nachtschlafender Zeit in Silverado; und vor dem Morgengrauen waren sie mit ihren mysteriösen Führern wieder an ihren unbekannten Ursprungsort zurückgekehrt. Auf diese Weise wurde Silber im Wert von zwanzigtausend Pfund unter dem Deckmantel der Nacht nach Silverado hineingeschmuggelt und, mit örtlichem Gestein vermischt, zur Mühle transportiert; zerkleinert und in die Stadt als die echte Ausbeute der Mine geschickt. Der Börsenhandel muß ein profitables Geschäft in San Francisco sein.

Ich gebe diese beiden Versionen wieder, wie ich sie gehört habe. Aber ich traue keiner der beiden; da mein Glaube an die Geschichte stark erschüttert ist. Denn es traf sich, daß ich zu einer kritischen Stunde in Silverado eintraf; große Ereignisse in ihrer Geschichte warfen ihre Schatten voraus, und ich habe Grund zu der Annahme, daß sie sich tatsächlich ereigneten – ja, es wird sich zeigen, daß ich selbst an dieser Revolution beteiligt war. Und doch hatte ich von Anfang bis Ende keinen Schimmer von einer Ahnung, was vor sich ging; und auch jetzt, nach reiflicher Überlegung, nicht. Daß es eine obskure Intrige des Zigarrenschachtelkommandos war, und daß ich als eine hölzerne Marionette im Interesse von irgendjemandem meinen Stift aufs Papier setzte, das, und nicht mehr, aber auch nicht weniger, ist sicher.

Silverado, damals unter meiner unmittelbaren Herrschaft, gehörte jemandem, den ich Mr. Ronalds nennen werde. Ich kannte ihn nur durch das außerordentlich verzerrende Medium des lokalen Klatsches, manchmal als bedeutsamen Börsenmakler; manchmal als einen Betrogenen; und dann wieder, und viel wahrscheinlicher, als einen gewöhnlichen christlichen Gentleman wie Sie oder ich, der eine Mine erschlossen und darin eine Weile mal mit mehr, mal mit weniger Glück gearbeitet hatte. Durch eine defekte Fensterscheibe vermag man auf eine solche Weise sehen, wie der Passant zu einem buckligen Riesen aufschießt oder zu einem fetten Zwerg zusammenschrumpft.

Ronalds jedenfalls gehörte die Mine; aber der Anspruch, durch den er sie besaß, lief am 30. Juni aus – oder vielmehr, wie ich vermute, war er bereits abgelaufen, und die Nachfrist würde an jenem Tag ablaufen, an dem irgendein amerikanischer Bürger einen eigenen Anspruch proklamierte und Silverado in seinen Besitz übernähme. Dies erzählte mir Rufe, mit einer Art dezenter Schlitzohrigkeit, zu einem frühen Zeitpunkt unserer Bekanntschaft. Es gab kein Silber, natürlich nicht; die Mine „war nichts wert, Mr. Stevens“, aber es gab ein Stück altes Eisen und Holz drum herum, und um in den Besitz dieses alten Holzes und Eisens zu gelangen und ein Recht auf das Wasser zu bekommen, schlug Rufe vor, wenn ich keine Einwände hätte, sollte ich „den Claim anmelden“.

Natürlich hatte ich nichts dagegen. Aber ich war sehr verwundert. Wenn er nur das Holz und das Eisen wollte, was in Gottes

Namen sollte ihn daran hindern, es sich zu nehmen? „Sein Anrecht dort war durch niemand zu bestreiten.“ Er konnte morgen die Hände auf alles legen, wie es die Wildkatzen mit unseren Messern und dem Beil getan hatten. Außerdem, war diese Masse von schweren Bergbauanlagen den Transport wert? Wenn ja, warum hatten es nicht die rechtmäßigen Besitzer weggekarrt? Wenn ja, würden sie nicht ihren Besitzanspruch auf diese beweglichen Sachen behalten, selbst nachdem sie ihren Anspruch auf die Mine verloren hatten? Und wenn es das nicht wert war, was wollte Rufe damit? Nichts würde in Silverado wachsen; es gab nicht einmal Holz, das man fällen könnte; abgesehen von dem Gefühl, etwas zu besitzen, gab es nichts zu gewinnen. Und schließlich: war es überhaupt glaubhaft, daß Ronalds etwas vergessen würde, woran Rufe sich erinnerte? Die Nachfrist war noch nicht vorbei: an jedem schönen Morgen, konnte er erscheinen, ein Papier in der Hand, und für ein weiteres Jahr seinen Besitz antreten. Wie auch immer, das war nicht meine Angelegenheit; alles schien legal; ob nun Rufe oder Ronalds, für mich spielte das keine Rolle.

Am Morgen des 27. erschien Mrs. Hanson wie gewohnt in ihrem Sonnenhut mit der Milch. Die Frist laufe am Dienstag ab, erinnerte sie uns, und bat mich, bereit zu sein, meine Rolle zu spielen, obwohl ich keine Ahnung hatte, was das sein sollte. Und angenommen, Ronalds kommt? fragten wir. Sie quittierte die Idee mit Spott und lachte laut mit all ihren feinen Zähnen. Er könnte die Mine nicht finden, und wenn es um sein Leben gehe, so schien es, ohne Rufe, um ihn zu führen. Letztes Jahr, als er kam, langte er voller Verzweiflung bei den Hansons an und bat Rufe, „spring in deine Hosen und Schuhe und zeig mir, wo überhaupt diese alte Mine liegt!“ Da ich wußte, daß Ronalds so viel Geld in den Ort gesteckt hatte und eine ausgetretene Straße dorthin führte, fand ich dies bemerkenswert. Der Orientierungssinn muß bei Ronalds einzigartig versagt haben.

Am selben Abend, eine gute Weile nach dem Abendessen, Joe Strong war mit der Arbeit an einer Zeichnung der Deponie und der gegenüberliegenden Hügel beschäftigt, saßen wir alle auf der Plattform unter dem Himmelszelt zusammen, mit dem gleichen Gefühl einer Privatsphäre, als wären wir im Wohnzimmer einer Hütte, tönte das Geräusch flotter Schritte den Weg herauf. Wir spitzten die Ohren, denn der Schritt schien leichter und fester zu sein als der unserer üblichen Landnachbarn. Und jetzt kamen wirklich zwei Gentlemen aus der Stadt mit Zigarren und Ziegenlederhandschuhen am Haus vorbei. Sie wirkten an diesem Ort wie eine Blasphemie.

„Guten Abend“, sagten sie. Denn keiner von uns hatte sich gerührt; wir saßen alle steif da vor Staunen.

„Guten Abend“, antwortete ich. Und dann, um etwas Entgegenkommen zu zeigen, fügte ich hinzu, „ein steiler Aufstieg“.

„Ja“, antwortete der Anführer; „aber wir müssen Ihnen für diesen Weg danken.“

Ich mochte den Ton des Mannes nicht. Keiner von uns hat ihn gemocht. Er schien sich über das Treffen nicht zu genieren, sondern warf uns seine Bemerkungen wie Gefälligkeiten hin und schritt dann majestätisch in Richtung Schacht und Tunnel.

Bald darauf hörten wir seine Stimme zu seinem Gefährten erhoben. „Wir sind in jede mögliche Richtung abgewichen, konnten aber die Ader nicht treffen.“ Dann wieder: „Hier hat sie sich erschöpft.“ Und noch einmal: „Jeder Bergmann, der jemals darin gearbeitet hat, sagt, daß es irgendwo noch eine Ader geben muß.“

Das waren die Fetzen des Gesprächs, die uns erreichten, und sie hatten eine vernichtende Bedeutung. Wir, die Herren von Silverado, standen unseren Gebietern gegenüber. Es ist das Schlimmste an allen malerischen und billigen Lebensweisen, daß sie uns letztendlich in die Klauen der Demütigung führen. Ich war gern ein illegaler Siedler, wenn außer Hanson keiner vorbeikam; Ronalds gegenüber verließ mich der Mut. Ich beeilte mich, ihn zu besänftigen und sagte, ich wisse, er sei der Eigentümer und entschuldigte mich. Er drohte mir mit Rauswurf, in einer grimmig annehmlichen Art – annehmlich allerdings eher für ihn, als für mich, wie ich meine; und dann erging er sich in Lobpreisungen über den ehemaligen Zustand Silverados. „Es war die geschäftigste kleine Bergbaustadt, die du je gesehen hast." Eine Bevölkerung von tausend bis fünfzehnhundert Seelen, die Maschinen liefen durchgängig, die Mühle war gerade erst aufgebaut; nix los – bis auf den Champagner, Hoffnung hieß der Tagesbefehl. Neunzigtausend Dollar kamen heraus; hundertvierzigtausend wurden hineingesteckt, was einen Nettoverlust von fünfzigtausend ausmachte. Die letzten Tage, die Tage von John Stanley, waren nicht so lustig; der Champagner hatte aufgehört zu fließen, die Bevölkerung zog bereits woanders hin, und Silverado hatte begonnen, zu verwelken, noch bevor seine Wurzel gekappt wurde. Der letzte Schuß, der abgefeuert wurde, eine letzte Sprengung, warf den Ofenschornstein um und hinterließ das Loch im Dach unserer Baracke, durch das die Sonne bis gegen Nachmittag schien. Ein lauter, letzter Schuß, der die Tage der Stille eröffnete.

Während dieser Unterredung wurde mein Gewissen ein gut Teil herausgefordert; und ich erwog, mich auf die Knie zu werfen und die beabsichtigte Heimtücke offen einzugestehen. Aber dann hatte ich Hanson zu berücksichtigen. Ich war in der gleichen Position wie Old Rowley, jener königliche Humorist, den „der Schurke in sein Vertrauen gezogen hatte". Und jetzt war Ronalds an Ort und Stelle. Er mußte den Tag des Monats kennen, ebenso wie Hanson und ich. Wenn ein deutlicher Hinweis notwendig war, hatte er den deutlichsten der Welt. Denn ein großes Brett war vom Kronprinzen ganz vorne an unser Haus genagelt worden, zwischen Tür und Fenster, in Zinnober, der Farbe des Landes – in holprigen Versen und unverschämten Bildern bemalt und völlig unnötig verkündete es, daß der Streich bereits gespielt wurde, der Anspruch bereits gestellt worden war, und Master Sam, der legitime Nachfolger von Herrn Ronalds sei. Doch nein, nichts konnte diesen Mann retten; quem deus vult perdere, prius dementat.[64] Wie er gekommen war, so ging er und ließ seinen Anspruch zurück.

Spät in der Nacht, spät für Silverado, und nachdem wir alle schon zu Bett gegangen waren, kehrte Mrs. Hanson zurück, um uns die neuesten Nachrichten zu erzählen. Es war wie eine Szene im Zwischendeck eines Schiffes: Wir lagen alle in einer Reihe in unseren Betten, eine einzige Kerze kämpfte mit der Dunkelheit, und diese mollige, stattliche Frau, die auf einem umgedrehten Handkoffer neben den Kojen saß, sprach und zeigte ihre guten Zähne und lachte, bis die Dachsparren klangen. Natürlich mußte jedes Schiff, das nur den hundertsten Teil der Löcher unserer Baracke hatte, längst in seinen letzten Hafen eingelaufen sein. Bis zu diesem Zeitpunkt hatte ich mir die Redseligkeit von Frau Hanson immer als bloße Hemmungslosigkeit vorgestellt, daß sie etwas sagte, weil für sie der Spaß an der Unterhaltung wichtig war, und daß sie lachte und wieder lachte als eine Art musikalische Begleitung. Aber ich fand jetzt, daß eine Kunst darin lag, ich fand sie weniger kommunikativ als selbst die Stille. Ich wollte wissen, warum Ronalds gekommen war; wie er seinen Weg ohne Rufe gefunden hatte; und warum er, da er einmal hier war, seinen Anspruch nicht erneuert hatte. Sie sprach endlos weiter, aber ihre Antworten beantworteten nichts. Sie floh unter einer Wolke von Worten; Und als ich mir

64 Eigentlich: Quos deus perdere vult, dementat. Wen Gott verderben will, den bringt er um den Verstand. Sophokles (487–406 v. Chr.).

sicher war, daß sie mir absichtlich auswich, ließ ich das Thema fallen und ließ sie plappern, was sie wollte.

Sie war gekommen, um uns zu sagen, daß der Claim bereits morgen angemeldet werden könnte, anstatt bis Dienstag zu warten. Wie? Wenn die Zeit noch nicht abgelaufen war, war das unmöglich. Warum? Wenn Ronalds gekommen und gegangen wäre und nichts getan hätte, gäbe es weniger Grund zur Eile. Und wieder wurde ich nicht zufriedengestellt. Der Claim würde morgen angemeldet werden, das war alles, was sie mitzuteilen geruhte.

Und doch geschah es nicht am nächsten Morgen, und auch nicht am Tag darauf, und eine ganze Woche verging, bevor wir mehr von diesem Ereignis hörten. An jenem Tag jedoch, einem Tag großer Hitze, traf Hanson ein, mit einer kleinen Rolle Papier in der Hand, und die ewige Pfeife war angezündet; im Gefolge Breedlove, sein großer, geistloser Freund, um, wie ich annehme, als Zeuge zu fungieren; Mrs. Hanson, in ihrem Sonntagsstaat; und alle Kinder, von den Ältesten bis zu den Jüngsten, prozessierten herbei und zogen hintereinander den Weg hinauf. Caliban war abwesend, aber er war mit seinen freundlichen Besuchen seit dem Zerwürfnis zurückhaltend gewesen; und mit dieser einen Ausnahme war die ganze Familie beisammen, wie für eine Hochzeit oder eine Taufe. Strong saß bei der Arbeit, im Schatten der kleinen Madronas in der Nähe der Schmiede; und sie versammelten sich um ihn in einem Kreis herum, einer auf einem Stein, ein anderer auf den Schienen, ein dritter auf einer Planke. Allmählich stahlen sich die Kinder davon, die Schlucht hinauf, wo es eine andere Rutsche gab, etwas kleiner als die über der Deponie; und diese Rutsche hinunter schütteten sie für den Rest des Nachmittags eine Lawine von Steinen nach der anderen und weckten die Echos des Tales. Inzwischen saßen wir Ältesten zusammen auf der Plattform, Hanson und sein Freund rauchten schweigend wie Indianerhäuptlinge, Mrs. Hanson plapperte wie gewohnt mit der geschickten Redseligkeit, sagte nichts, aber hielt ungezwungen Hof wie eine royale Gastgeberin.

Über das Geschäft des Tages fiel kein Wort. Einmal, zweimal, dreimal versuchte ich, das Thema hineinzuschieben, wurde aber von der stoischen Apathie Rufes entmutigt und durch den Wortfluß seiner Frau niedergeknüppelt. Es habe nichts von einem indianischen Helden an mir, und ich begann, vor Ungeduld zu braten. Endlich hatte ich, wie ein Straßenräuber, Hanson in die Enge getrieben. Daraufhin erhob er sich ernst, als deute er an, dies sei kein geeigneter Ort, und kein Gegenstand, um ihn vor den Squaws zu erörtern, und ich folgte seinem Beispiel und begleitete ihn die Planke hinauf in unsere Baracke. Dort schnappte er sich eine Kiste und entrollte seine Papiere mit akribischer Bedächtigkeit. Es waren zwei Notizzettel und ein alter Bergbaukontrakt vom 30. Mai 1879, teils gedruckt, teils handschriftlich, und der letztere stark vom Regen unkenntlich geworden. Durch dieses Blatt Papier war die Mine im vergangenen Jahr beansprucht worden. Dreizehn Monate lang hatte es das Wetter und den Wechsel der Jahreszeiten in einem Steinhaufen hinter der Flanke des Canyons ertragen; und es oblag nun mir, es vor mir auf dem Tisch auszubreiten und, auf einem Handkoffer sitzend, seine Klauseln mit einigen notwendigen Änderungen zweimal auf den beiden Notizblättern niederzuschreiben. Das eine sollte dann auf dem gleichen Steinhaufen plaziert werden – ein „Felsenhügel“, so wurde er benannt; und das andere zur Registrierung eingereicht werden. Rufe beobachtete mich, still rauchend, bis ich am Ende der ersten Kopie zum Namen des Verpächters kam. Als ich vorschlug, er solle unterschreiben, glaubte ich, ein Erschrecken in seinen Augen zu sehen. „Ich denke nicht, daß das notwendig sein wird“, sagte er langsam. „Schreiben Sie nur.“ Vielleicht konnte dieser mächtige Jäger, der das aktivste Mitglied der örtlichen Schulbehörde war, nicht schreiben. Das wäre nichts Seltsames. Der Konstabler von Calistoga ist seit Jahren bettlägerig und, wenn ich mich recht erinnere, blind. Er bedürfe mehr der Bezüge als andere, hieß es, und es war leicht für ihn, zu „depytize“,[65] – mit einem starken Akzent gesprochen. So wohlwollend und so leicht sind öffentliche Ämter zu haben.

Als ich meinen Schrieb gemacht hatte, schlenderte Hanson hinaus und sprach Breedlove an: „Möchtest du dir ein bißchen die Füße vertreten?“ Und nachdem sie kurz in dem Chaparral- und Madrona-Dickicht verschwunden waren, kamen sie wieder zurück, ohne ein Notizblatt, und die Tat war geschehen. Der Anspruch war erhoben worden; ein Stück Bergseite, fünfzehnhundert Fuß lang und sechshundert breit, war, mit allen kostbaren Eingeweiden der Erde, von Ronalds auf Hanson übergegangen und änderte nebenbei seinen Namen von „Mammut“ in „Calistoga“. Ich hatte versucht, Rufe dazu zu bringen, es nach seiner Frau, dann nach sich selbst und danach nach Garfield, dem republikanischen Präsidentschaftskandidaten der Stunde– später gewählt, und jetzt, leider, tot – zu benennen, aber alles war umsonst. Der Claim war einmal Calistoga genannt worden, und Rufe schien sicher zu sein, er solle das wieder sein.

Und so wurde die Geschichte dieser Mine wieder in Dunkelheit getaucht, erhellt nur von einigen ungeheuren Feuerwerken aus Klatsch. Und vielleicht ist das Merkwürdigste an der ganzen Sache: daß wir in dieser ruhigen Ecke der Berge, mit nicht einem Dutzend Nachbarn, gelebt haben sollen und dennoch die ganze Zeit, wie verzweifelte Schwimmer, in diesem Meer aus Irrtümern und Ungereimtheiten gekämpft haben. Wo immer ein Mann ist, wird es eine Lüge geben.

65 Depytize: „ernannt“ zu werden.

Mühen und Vergnügungen

Ich muß versuchen, eine Vorstellung von unserem Leben zu vermitteln, davon, wie die Tage vergingen und welche Freude wir an ihnen hatten, was es zu tun gab und wie wir uns in unserer Bergeinsiedelei daran machten, es zu bewältigen. Das Haus wurde, nachdem wir die schlimmsten Schäden repariert und einige der Türen und Fenster mit weißem Baumwollstoff bespannt hatten, ein gesunder und angenehmer Wohnort, immer luftig und trocken und von den Düften des Tals durchweht. Im Inneren hatte er das Aussehen einer menschlichen Behausung. Man mußte nur in den dritten Raum gehen, den wir nicht genutzt haben, und seine Steine, seine durchsiebte Erde, seinen hingeworfenen Müll anschauen; und dann in unsere Unterkunft zurückkehren, mit den gemachten Betten, den Tellern auf dem Regal, dem Eimer mit klarem Wasser hinter der Tür, dem knisternden Ofen in einer Ecke und dem Tisch, der vielleicht schon für eine Mahlzeit vorbereitet war – und die Ordnung des Menschen, die kleinen sauberen Flecken, die er erschafft, um dort zu wohnen, wurden sofort kontrastiert durch die völlige Teilnahmslosigkeit der Natur. Und doch war unser Haus überall so zertrümmert und geborsten, die Luft kam und ging so frei, die Sonne fand so viele Bullaugen, das goldene Leuchten von außen fand so viele offene Spalten, daß wir gleichzeitig einige der Annehmlichkeiten eines Daches und viel von der Fröhlichkeit und Helligkeit des Lebens im Freien genossen. Ein einziger Regenschauer allerdings hätte genügt, um uns wie Mäuse zu ertränken. Aber unser Sommer war ein kalifornischer Sommer, und ein Erdbeben war ein viel wahrscheinlicheres Mißgeschick als ein Regenschauer.

Im Vertrauen auf dieses schöne Wetter ließen wir das Haus als Küche und Schlafzimmer und nutzten die Plattform als unseren Sommersalon. Das Gefühl der Privatsphäre war, wie ich bereits sagte, vollständig. Wir konnten über viele Meilen den Wald sehen und die rauhen Hügel überblicken, und einen Teil des Napa Valley, wo der Zug entlangfuhr und die kleinen ländlichen Gemeinden entlang der Bahnlinie so nah beieinander lagen. Aber hier war kein Mensch, der hätte stören können. Außer den Hansons kam niemand zu Besuch. Sogar sie kamen nur in langen Abständen, abgesehen von täglichen zweimaligen Visiten, zu einer festen Stunde mit Milch. So dehnten sich unsere Tage, da sie nie unterbrochen wurden, auf eine großartige Länge aus; Stunde auf Stunde verging unmerklich; die Haushaltspflichten, obwohl es viele gab, und einige von ihnen waren mühsam, schrumpften zu bloßen Inselchen der Pflichten inmitten eines Meeres von sonnigen Tagen; und es scheint mir, wenn ich zurückblicke, als ob der weitaus größere Teil unseres Lebens in Silverado dadurch vergangen wäre, auf einem Ellenbogen gestützt oder auf einer Planke dazusitzen, und der Stille zu lauschen, die es in den Bergen gibt.

Meine Arbeit, das stimmt, war frühmorgens vorbei. Ich stand vor allen anderen auf, zündete den Herd an, setzte das Wasser zum Kochen auf und schlenderte auf die Plattform, um zu warten, bis es fertig war. Silverado lag dann noch im Schatten, die Sonne schien auf den Berg weiter oben. Ein sauberer Geruch von Bäumen, ein Geruch der Erde am Morgen, hing in der Luft. Regelmäßig, jeden Tag, war da ein einziger Vogel, der nicht sang, aber unbeholfen unter den grünen Madronas zwitscherte, und der Klang war fröhlich, natürlich und mitreißend. Er fesselte weder die Aufmerksamkeit, noch unterbrach er den Faden der

Meditation, wie es eine Amsel oder eine Nachtigall geschafft hätte; es war nur ein wäldliches Geplapper, dessen sich der Geist bewußt war wie eines Parfüms. Die Frische dieser Morgenzeit blieb bei mir bis weit in den Tag hinein.

Sobald der Kessel kochte, machte ich Porridge und Kaffee; und damit waren, abgesehen von dem prosaischen Holen des Wassers und der Vorbereitung des Feuerholzes – es Holzhacken zu nennen, wäre eine Übertreibung – meine Hausaufgaben für den Tag erledigt. Von da an arbeitete meine Frau allein im Palast, und ich lag oder wanderte auf der Plattform nach meinem eigenen Willen. Die kleine Ecke in der Nähe der Schmiede, wo wir unter den Madronas eine Zuflucht vor der schonungslosen frühen Sonne gefunden haben, ist in meinem Kopf tatsächlich mit einigen Alptraumbegegnungen mit Euklid und lateinischer Grammatik verbunden. Diese wurden Sams Schulstunden genannt. Er sollte das Opfer und der Erkrankte sein; aber hier muß es ein Mißverständnis gegeben haben, denn während ich mich nach einer dieser Veranstaltungen in der Regel ins Bett zurückgezogen habe, wurde er nicht früher freigelassen, als bis er zum Haus des China-Manns stürzte, wo er eine Druckpresse installiert hatte, dieses große Element der Zivilisation, und den Klang seiner Arbeit konnte man in der Schlucht den halben Tag über leise vernehmen.

Überhaupt nur zu gehen war ein mühsames Geschäft; der Fuß rutschte aus, die Stiefel wurden zwischen den scharfen, unebenen, rollenden Steinen zerschnitten. Als wir die Plattform in jede Richtung überquerten, war es praktisch, einen Kurs zu legen, der so weit wie möglich der Linie der Schienen folgte. Wenn also Wasser geholt werden sollte, verließ der Wasserträger das Haus über einige kippelige Bretter, die wir hingelegt hatten, und das nicht sehr gut. Diese trugen ihn zu jener großen Chaussee, die den Eisenbahnschienen folgte; und die Eisenbahn brachte ihn bis zur Mündung des Schachtes. Aber von dort bis zur Quelle und wieder zurück mußte er einen ungebahnten Pfad benutzen, torkelte zwischen den Steinen hin und her und watete in niedrigwachsendem Calycanthus[66], wo die Klapperschlangen zischend auf seinem Weg lagen. Aber ich mochte es, Wasser zu schöpfen. Es war wohltuend, den grauen Metalleimer in das saubere, farblose, kühle Wasser zu tauchen; wohltuend, ihn zurückzutragen, mit dem über den Rand spritzenden Wasser und einem reflektierten Sonnenstrahl, der in der Mitte zitterte.

Die extreme Rauhheit des Gehens beschränkte uns im Alltag auf die Plattform und in der Tat auf die Orte, die am einfachsten entlang der Schienenlinie zugänglich waren. Die Schienen kamen geradeheraus aus dem Schacht, waren hier und da mit kleinen grünen Büschen zugewachsen, aber immer noch ganz, und immer noch mit einer Lore befahrbar, die Sam zu seiner Freude stundenlang mit verschiedenen Ladungen hin- und herzog. Etwa auf halbem Weg nach unten bog der Gleiskörper auf der Plattform nach rechts ab, ließ unser Haus nach wenigen Yards auf der anderen Seite liegen und führte zu den Madronas und der Schmiede, und endete unweit davon in einer Art Rampe am Rande der Deponie. Dort wurden früher die Loren umgekippt, und ihre Ladung donnerte die Rutsche hinunter. Außerdem war es der einzige Ort, an dem wir uns dem Rand der Deponie nähern konnten. Überall sonst hätte man sein Leben riskiert. Denn in jedem Moment konnte die Müllkippe ins Rutschen geraten und den Neugierigen nach unten tragen und unter sich begraben. Tatsächlich ist die Nachbarschaft einer alten Mine ein Ort, der mit Gefahren behaftet ist. Denn so still Silverado war, in jedem Moment konnte verfaultes Holz bersten und die Plattform in den Schacht stürzen lassen; die Deponie sich nach unten in die Straße ergießen; oder ein Stempel konnte in

66 Calycanthus floridus:ein Gewürzstrauchgewächs.

dem großen hohen Flöz abrutschen, und Hunderte von Tonnen Gestein würden unser Lager unter sich begraben.

Ich habe die Deponie bereits mit einem Festungswall verglichen, der sicherlich von einigen groben Kerlen für prähistorische Kriege errichtet wurde. Er bildete auch eine Grenze. Alles darunter war grün und Wald, hohe Kiefern überragten einander, jede mit einem festen Umriss und weit hinausragenden Ästen. Alles darüber war trocken, felsig und kahl. Der große Ausfluß von gebrochenem Gestein, der den Canyon aufgestaut hatte, war ein Produkt menschlicher Handarbeit; das Material war mit einer Picke und mit Pulver ausgegraben und mithilfe der Loren verteilt worden. Auch die Natur selbst schien in diesem hochgelegenen Landstrich nur an Bergbau Interesse gehabt zu haben; denn sogar die natürliche Hügelseite bestand ganz aus rutschendem Kies und labilen Felsbrocken. In der Nähe des Brunnens würden die Blätter zu Skeletten und Mumien zerfallen, die sich schließlich von einigen stärkeren Böen aus dem Canyon befreien und in den darunterliegenden Wäldern zerstreuen würden. Selbst Feuchtigkeit und verwesende pflanzliche Stoffe konnten bei aller Alchemie der Natur nicht genügend Boden bilden, um ein paar arme Gräser zu nähren. Es ist, sagt man, wie in der Nähe aller Silberminen; es liegt in der Natur dieses kostbaren Gesteins, das widerspenstiger Quarz und giftiger Zinnober ist. Beides hatten wir reichlich in unserem Silverado. Die Steine glänzten weiß in der Sonne vom Quarz, und sie waren alle rot gefärbt vom Zinnober. Hierher kamen zweifellos die Indianer von einst, um ihre Gesichter für den Kriegspfad zu bemalen; und Zinnober war, wenn ich mich recht erinnere, einer der wenigen Artikel des indianischen Handels. Nun hatte Sam es in seinem ungestörten Besitz, um es zu zerstampfen, mit Wasser zu vermischen und seine einfachen Muster damit zu malen. Aber für mich hatte es immer einen feinen Geschmack von Poesie, zusammengesetzt aus der indianischen Geschichte und Hawthorndens[67] Anspielung:

> Desire, alas! I desire a Zeuxis new,
> From Indies borrowing gold, from Eastern skies
> Most bright cinoper …[68]

Aber das ist nur die Hälfte des Bildes; unsere Silverado-Plattform hat auch eine andere Seite. Obwohl es kein Erdreich und kaum einen Grashalm gab, blühte jedoch auf diesen umgestürzten Kieshaufen und zermahlenen Felsbrocken ein Blumengarten wie zu Hause in einem Gewächshaus. Calycanthus schlich sich wie ein widerstandsfähiges Unkraut überallhin durch unsere raue Stube, bedeckte die Schienen und schob seine rostroten, aromatischen Kegel zwischen den Blöcken zerstoßenen Gesteins hervor. Azaleen[69] schufen ein großes Schneebett direkt über der Quelle. Der Hang des Hügels winkte weiß von mediterraner Heide. In den Ritzen des Felsvorsprunges und um hohe Kiefern herum wuchs eine rot blühende Steinpflanze in Kissen. Selbst das niedrige, dornige Unterholz war dick mit erbsenähnlichen Blüten bedeckt. In der Nähe am Fuße unseres Weges gedieh die Muskatnuß[70], höchst angenehm im Anblick und im Geruch. Bei Sonnenaufgang und wieder spät in der Nacht erfüllte der Duft

---

67 Hawthornden: William Drummond of Hawthorndnen, (1585–1649). Schottischer Dichter.

68 Wunsch (nur), leider! Ich wünsche mir einen Zeuxis neu, / (Der) von Indianern Gold leiht, (und) aus dem östlichen Himmel / Hellstes Zinnober …
Zeuxis von Herakleia, antiker griechischer Maler, der, nach Plinius, seine Werke verschenkte, weil niemand einen angemessenen Preis dafür zu zahlen imstande wäre. Zitat aus: The Poetical Works of William Drummond / Drummond of Hawthornden. 1711.

69 Azalee: Rhododendron-Art.

70 Muskatnuß: nicht Myristica fragrans, sondern wahrscheinlich Torreya californica, die Kalifornische Nußeibe.

der süßen Lorbeerbäume[71] den Canyon, und der abwärts wehende Nachtwind muss ihn Hunderte von Fuß durch die Luft fortgetragen haben.

Diese ganze Vegetation war natürlich kleinwüchsig. Die Madrona war hier nicht größer als die Manzanita[72]; der Lorbeer (Laurus nobilis war nur ein kriechender Strauch; die Kiefern, mit vier oder fünf Ausnahmen in unserer ganzen oberen Schlucht, waren nicht so groß wie ich, oder nur ein wenig höher, und die meisten von ihnen gingen mir kaum bis zur Taille. Für einen gedeihenden Waldbaum müssen wir nach unten schauen, wo das Tal mit grünen Spitzen überfüllt war. Aber um Blumen und hinreißendes Parfum brauchten wir niemanden zu beneiden: unsere Halde aus Straßenschotter war dicht mit Blüten bewachsen, etwa von Weißdorn Anfang Juni; unser roter Winkel im Berg war ein Labor voller ergreifender Düfte. Es war ein endloses Wunder für mich, als ich mir vorstellte, wo die Madrona mit ihren Blättern, die Azalee und der Clianthus[73] mit seinen Blüten Feuchtigkeit finden konnte, um einen so dicken, feuchten, wachsartigen Wuchs hervorzubringen, oder woher der Lorbeerbaum die Zutaten für sein Parfüm einsammelte. Aber dort wuchsen sie alle zusammen, gesund, glücklich und Glück verbreitend, als ob sie in Mutterboden verwurzelt wären.

Es war auch nicht nur das pflanzliche Leben, das gedieh. Wir hatten in der Tat nur wenige Vögel, und keiner, der eine interessante Stimme gehabt hätte oder so etwas wie einen Gesang produzieren konnte. Mein morgendlicher Freund hatte ein dünnes Zwitschern, unmusikalisch und eintönig, aber freundlich und angenehm zu hören. Er hatte nur einen Rivalen: einen Burschen mit einem prahlerischen Schrei von fast einer Oktave abstei-

---

71 Laurus nobilis.

72 Arctostaphylos; Heidekrautgewächs.

73 Clianthus: ist eigentlich nur in Neuseeland beheimatet.

gend, keine Note, auf die eine richtige andere gefolgt wäre. Dies ist der einzige Vogel mit einem falschen Gehör, den ich je getroffen habe; aber seine Leistung hatte etwas Fesselndes. Man hörte ihm wieder und wieder zu und jedes Mal dachte man, jetzt müsse er gewiß endlich den Ton treffen, aber nein, es war immer falsch, und immer falsch auf die gleiche Weise. Dennoch schien er stolz auf sein Lied zu sein, lieferte es mit Hingabe in seiner eigenen Art ab und war charmant zu seinem Freund. Ein unaufhörlich und sehr falsch pfeifender Mensch hatte hier die Chance zu erfahren, wie seine eigene Musik der Welt gefällt. Zwei große Vögel – Adler, dachten wir – wohnten in der Spitze des Canyons, unter den Felsen, die sich gegen den Himmel abhoben. Hin und wieder, aber sehr selten, strichen sie still oder aber mit einem fernen, sterbenden Schrei hoch über unseren Köpfen dahin; und dann, mit einem frischen Impuls, flogen sie rasch weiter, tauchten über einen Hügel und waren fort. Sie schienen ehrwürdig und alt zu sein und patrouillierten durch die blauen Lüfte: gleichaltrig vielleicht mit dem Berg, auf dem sie umhergeisterten, vielleicht Auswanderer aus Rom, wo vielleicht die Legionen ihren Anblick am Morgen der Schlacht erfreut begrüßten.

Aber während Vögel selten waren, strotzte der Ort nur so von Klapperschlangen – das Nest der Klapperschlangen hätte man ihn nennen können. Wo auch immer wir zwischen den Büschen herumstreiften, weckte unser Tritt ihr wütendes Zischen. Sie lebten gewöhnlich in einem Holzhaufen, und manchmal, wenn wir nach Brennholz suchten, stieß sie ihren kleinen Kopf zwischen zwei Baumstämme hervor und fauchte wegen der Störung. Die Rassel hat einen legendären Ruf; und man sagt, sie sei ehrfurchtgebietend und präge sich, einmal vernommen, für immer in die Erinnerung ein. Aber der Ton ist überhaupt nicht alarmierend; das Brummen vieler Insekten und das Summen der Wespe überzeugen das Ohr ebenso leicht von einer Gefahr. In der Tat lebten wir wochenlang in Silverado, kamen und gingen, und es rasselte zu allen Seiten, und es kam uns nie in den Sinn, Angst zu haben. Ich nahm Sonnenbäder und machte Freiübungen in einer gewissen angenehmen Ecke zwischen Azaleen und Calcanthus, die Rasseln, die auf jeder Seite wie Spinnräder wirbelten, und das kombinierte Zischen oder Summen wurde bei jeder plötzlichen Bewegung lauter und wütender; aber ich war nie im Geringsten beeindruckt, noch wurde ich jemals angegriffen. Erst gegen Ende unseres Aufenthalts gab mir ein Mann in Calistoga, der über die schreckliche Natur des Klanges räsonierte, endlich eine sehr gute Nachahmung; und es dämmerte mir augenblicklich, daß wir in der Metropole der tödlichen Schlangen wohnten und daß die Rassel schlicht und ergreifend das häufigste Geräusch in Silverado war. Unmittelbar nach unserer Rückkehr konfrontierten wir die Hansons mit diesem Thema. Sie hatten uns zuvor versichert, unser Canyon sei, wie Irland auch, vollkommen sicher vor giftigen Reptilien; aber mit der mustergültigen Inkonsequenz eines Einfallspinsels, hätten sie es nicht früher herausgefunden, da sie in die entgegengesetzte Richtung gegangen seien. Uns wurde gesagt, daß in keinem Teil der Welt Klapperschlangen eine so monströse Größe erreichten wie unter den warmen, blumenübersäten Felsen von Silverado. Dies ist eher ein Beitrag zur Naturgeschichte der Hansons als zu der der Schlangen.

Ein Wesen jedoch, besser bedient durch seinen Instinkt, hatte die Rassel von Anfang an erkannt; und das war Chuchu, der Hund. Kein denkendes Geschöpf hat jemals eine Existenz geführt, die mehr durch Terror vergiftet wurde als dieser Hund in Silverado. Jeder einzelne Klang einer Rassel ließ ihn springen. Seine Augen rollten; er zitterte; oft war er naß vor Schweiß. Seine schreckliche Angst in den Bergen war eines unserer großen Rätsel. Etwas weiter hinten, hinter unserem Schlupfwinkel hörten die Azaleen und fast die ganze Vegetation auf. Die Zwergkiefern waren nicht groß genug, um Weihnachtsbäume zu sein und wuchsen dünn zwischen lockeren Steinen und Kieshängen. Hier und da lag ein großer Felsbrocken ruhig auf einem Hügel und ruhte sich aus, bis zum nächsten Regen, der ihn in seiner langen Rutschfahrt den Berg hinunter weiterbefördern würde. Es gab hier keinen Hinterhalt für die Schlangen, und man konnte deutlich sehen, wohin man trat; und doch, je weiter hinauf ich ging, desto schrecklicher wurde Chuchus Angst. Er war ein ausgezeichneter Meister dieser vielseitigen Sprache, in der Hunde mit Männern kommunizieren, und er wollte mir, bei seiner Ehre, versichern, daß es auf dem Berg gefährlich sei; und er appellierte an mich, um alles, was mir heilig war, umzukehren; und endlich, als er einsah, daß alles umsonst war, und ich immer noch darauf beharrte, weiterzugehen, unwissend dumm, warf er sich plötzlich herum und raste in gerader Linie den Hang hinunter nach Silverado, daß der Kies nur so hinter ihm herregnete. Wovor hatte er Angst? Es gab zugegebenermaßen Braunbären und California Lions[74] auf dem Berg; und vor kurzem erst hatte ein Grizzly Rufes Geflügelhof einen Besuch abgestattet, zur unsäglichen Sorge von Caliban, der sich aufmachte, den Eindringling zu züchtigen, und sich bei Mondschein Auge in Auge mit einem solchen Wüterich wiederfand. So etwas ähnliches zumindest muß dagewesen sein: ein haariges, gefährliches Untier, das dauerhaft zwischen den Felsen ein wenig nordwestlich von Silverado lebte und seine Sommer dort in der Gegend mit Frau und Familie verbrachte.

Und da war noch ein anderes Tier gewesen. Einmal, bei hellem Tageslicht, stieß ich auf diesem offenen, steinigen Berghang, wo die Babykiefern wuchsen, kaum groß genug, um als

74 California Lions: Pumas.

Anstecker auf MacGregors Hut zu dienen, plötzlich auf seinen unschuldigen Körper, mumifiziert von der trockenen Luft und der Sonne: ein Zwergkänguruh. Ich bin unrühmlich unwissend in diesen Dingen und hatte noch nie von einem solchen Tier gehört; ich dachte, die Natur habe mich mit einem ihrer unvergleichlichen Scherze konfrontiert; und begann, Hoffnungen auf Unsterblichkeit in der Wissenschaft zu hegen. Selten habe ich einen seltsameren Nervenkitzel verspürt, als ich dieses einzigartige Geschöpf von den Steinen aufhob, trocken wie ein Brett, sein unschuldiges Herz schwieg seit langem und war ganz warm vom Sonnenschein. Seine langen Hinterbeine waren steif, seine winzigen Vorderpfoten an die Brust gepreßt, als ob es springen wollte; ein unbekannter Unfall hatte sein armes Leben auf diesem Berg beendet. Aber die Känguruhratte, mußte ich feststellen, war kein so unbekanntes Tier; und mit meiner Entdeckung war es nichts.

Grillen fehlten nicht. Ich dachte, ich vermochte genau vier von ihnen auszumachen, jede in ihrer eigenen Ecke, die für gewöhnlich die Nachtmusik in Silverado machten. In der Frage der Stimme übertrafen sie die Vögel bei weitem, und ihr eindringlicher Pfeifton erklang von Fels zu Fels, rief und erhielt Antwort in demselben Klang, wie in einer floskelhaften Oper.

So schreien Kinder in voller Gesundheit und Laune miteinander, zum Schrecken der Nachbarn; und ihre nutzlosen, fröhlichen, ohrenbetäubenden Rufe werden lauter und leiser, wie das Lied der Grillen. Des Nachts saß ich gern auf der Plattform und frage mich, warum diese Kreaturen so glücklich sind; und was falsch mit dem Menschen war, daß er nicht ebenso seine Tage mit ein oder zwei Stunden des Schreiens enden ließ; aber ich vermute, daß alle langlebigen Tiere pathetisch sind. Die Hunde allein werden von der Natur kaum gebraucht; und es scheint eine offensichtliche Ungerechtigkeit für den armen Chuchu zu sein, in seinen Teenagerjahren sterben zu sollen, nach einem derart sorgenvollen Leben, das ständig von Furcht gebeutelt wird, und die Tränen vornehmer Rührseligkeit für immer in seinem Auge.

Wir hatten noch einen anderen Nachbarn in Silverado, klein, aber sehr aktiv, ein zerstörerischer Kerl. Das war eine schwarze, hässliche Fliege – die Hansons nannten ihn *Bohrer* –, die zu Hunderten in unserem Haus lebte. Sie kam durch ein rundes Loch, ordentlicher durchbohrt, als ein Mann es mit einem Nagelbohrer ausführen könnte, und sie schien ihr Leben damit verbracht zu haben, das Innere der Planke auszuhöhlen, ob aber als Wohnung oder als Lagerhaus, konnte ich nie herausfinden. Wenn ich mich morgens für eine Ruhepause ins Bett legte – wir hatten keine Sessel in Silverado – hörte ich Stunde um Stunde den scharfen Schneideton ihrer Mühen, und von Zeit zu Zeit fiel eine zierliche Sägemehldusche auf die Decken. Es lebt kein fleißigeres Geschöpf als ein *Bohrer*.

Und jetzt, da ich dem Leser alle unsere Tiere und Insekten ohne Ausnahme genannt habe – nur die Fliegen habe ich vergessen – wird er in der Lage sein, die einzigartige Privatsphäre und Stille unserer Tage zu schätzen. Nicht nur Menschen wurden ausgegrenzt: Tiere, das Lied der Vögel, das Muhen von Rindern, das Blöken von Schafen, selbst die Wolken, und die Veränderungen des Wetters gab es hier nicht; Tag für Tag war der Himmel eine blaue Kuppel und die Kiefern unter uns standen regungslos in der stillen Luft. Die Stunden selbst unterschieden sich lediglich durch die Abfolge unserer eigenen Angelegenheiten und die große Umlaufzeit der Sonne, die sich nach Westen durch den Himmel bewegte. In den frühen Morgenstunden schnatterten die beiden Vögel eine Zeitlang; den ganzen Tag lang tropfte das Wasser in den Schacht, die *Bohrer* bestäubten die Planken unseres verrückten Palastes mit Sägemehl – unendliche Klänge; und erst mit der Rückkehr der Nacht würde sich unsere Umgebung verändern, oder die vier Grillen würden beginnen, im Dunkeln gemeinsam zu flöten.

In der Tat wäre es schwer, die Freude zu übertreiben, die wir hatten, wenn der Abend sich näherte. Unser Tag war nicht sehr lang, aber er war sehr anstrengend. Auf wackligen Planken herumzustolpern oder über sich verschiebende Steinen zu staksen, Wasser holen zu gehen, nach Fleisch und Briefen in das Tal hinunter zum Toll House zu klettern, zu kochen, Feuer und Betten zu machen, war ermüdend für den Körper. Zudem zerrt das Leben im Freien, unter dem glühenden Auge des Tages, stark an den körperlichen Kräften. Es gibt bestimmte Stunden am Nachmittag, in denen ein Mann, am liebsten in eine kühle Ecke seines Hauses kriecht und sich auf den Sesseln der Zivilisation ausruht, es sei denn, er ist bei sehr guter Gesundheit oder erfreut sich eines abwesenden Geistes. Etwa um diese Zeit begannen die scharfen Steine, die Bohlen, die umgedrehten Kisten von Silverado meinem Körper lästig zu werden. Ich begab mich auf die hoffnungslose, nie endende Suche nach einer bequemeren Position; Ich war erhitzt und müde von der brennenden Sonne; und gerade dann begann sie höflich, ihr Angesicht zu verbergen, die Schatten verlängerten sich, die aromatischen Lüfte erwachten, und eine unbeschreibliche, aber glückstiftende Veränderung kündigte das Kommen der Nacht an.

Die Stunden des Abends vergingen, sobald wir einmal in die freundliche Dunkelheit vorgedrungen waren, schnell. Wie bei den Grillen brachte uns die Nacht ein gewisses Frohlocken. Es war gut, die Luft zu schmecken, gut, das Erwachen der Sterne zu beobachten, zu sehen, wie sich ihre glitzernde Gesellschaft vermehrt, gut auch, um Steine zu sammeln, und sie krachend in die Rutsche zu befördern. In gewisser Weise war das die Belohnung und die Erfüllung des Tages. So ist es, wenn die Menschen unter freiem Himmel wohnen; es ist eine der einfachen Freuden, die wir verlieren, wenn wir in einem Haus leben und von einem Haus umschlossen sind. Obwohl das Kommen des Tages immer noch das Belebendste ist, erfrischt uns aber auch der Abschied des Tages und die Rückkehr der Nacht. Sie erneuert und beruhigt uns; und auf den Almen der Abenddämmerung stehen wir, wie Rinder, frohlockend, weil unsere Bürden von uns fallen.

Unsere Nächte waren nie kalt, und sie waren immer ruhig, allerdings mit einer bemerkenswerten Ausnahme. Regelmäßig, gegen neun Uhr, kam ein warmer Wind auf und blies zehn Minuten oder vielleicht eine Viertelstunde direkt durch die Schlucht, fächelte sie gut durch und lüftete sie, wie eine Mutter den Schlafraum der Kinder lüftet, bevor sie schlafen gehen. Soweit ich das in der klaren Dunkelheit der Nacht beurteilen konnte, war dieser Wind rein örtlich: vielleicht abhängig von der Gestalt des Tals. Zumindest war er den heißen und müden Hausbewohnern sehr willkommen; und wenn wir nicht bereits zu Bett gegangen waren, war das Aufkommen dieses Liliputaner-Talwindes oft das Signal, uns zurückzuziehen.

Ich war der Letzte, der ins Bett ging, wie ich auch immer noch der Erste war, der aufstand. Viele Nächte bin ich über die Platform geschlendert und habe ein Bad der Dunkelheit genommen, bevor ich schlief. Die anderen lagen im Bett, und sogar von der Schmiede aus konnte ich sie von Koje zu Koje miteinander reden hören. Eine einzelne Kerze im Hals einer Pint-Flasche[75] war ihre einzige Beleuchtung; und doch schien das alte geborstene Haus buchstäblich vor Licht zu platzen. Es glänzte scharf wie ein Messer durch alle vertikalen Risse; es schlug nach oben durch die gebrochenen Schindeln und durch die östliche Tür, und durch das Fenster fiel es in einem großen Spritzer auf das Dickicht und den überhängenden Felsen. Man hätte an ein Großfeuer oder zumindest eine brüllende Schmiedeesse gedacht;

75 Pint: Halbliterflasche.

aber nein, es war nur eine Kerze. Oder vielleicht war es noch seltsamer zu sehen, wie sich eine Prozession bettwärts um die Ecke des Hauses bewegte und über die Planke, die uns zur Schlafzimmertür brachte. Unter dem sich ins Unermeßliche ausbreitenden Sternenhimmel, unten in einer Kluft des riesigen Berges, wirkten diese wenigen menschlichen Figuren mit ihrer unbeschirmten Wachskerze so unangemessen bedeutend für Auge und Geist. Aber je mehr er allein mit der Natur ist, desto größer sind der Mensch und sein Tun im Angesicht seiner Mitmenschen. Meilen und Meilen entfernt auf den gegenüberliegenden Bergen, könnte ein verspäteter Jäger oder ein Reisender, der sich verirrt hatte, uns beobachten, und er wäre sehr erstaunt gewesen zu beobachten, wie eine Kerze aus der Bürotür des Edelmetallprüfers herauskam, die Planke emporstieg und darauf in dem Schlafsaal der Bergarbeiter verschwand.

ROBERT LOUIS STEVENSON

FASZINIERENDES EDINBURGH

Impressionen aus dem Jahr 1879

VERLAG 28 EICHEN